Les politiques sociales en France

Patrick Valtriani
Docteur en économie

2e édition

hachette
SUPÉRIEUR

LES FONDAMENTAUX

LA BIBLIOTHÈQUE DE L'ÉTUDIANT

Collection créée par Caroline Benoist-Lucy

Dans la même collection :

Droit, Politique

7 *Les institutions de la Ve République* (Ph. Ardant, S. Formery)
9 *La fiscalité en France* (P. Beltrame)
17 *La Constitution commentée, article par article* (S. Formery)
18 *Finances publiques de l'État / La LOLF et le nouveau droit budgétaire de la France* (J. Mekhantar)
19 *Les collectivités territoriales en France* (E. Vital-Durand)
22 *Contentieux administratif* (D. Turpin)
34 *Philosophie politique* / 1. Individu et société (M. Terestchenko)
35 *Philosophie politique* / 2. Éthique, science et droit (M. Terestchenko)
46 *Droit administratif* (J.-C. Ricci)
47 *Mémento de la jurisprudence administrative* (J.-C. Ricci)
57 *Introduction au droit de l'Union européenne* (J. Dutheil de la Rochère)
74 *Les services publics* (J.-M. Pontier)
86 *Droits fondamentaux et libertés publiques* (J.-M. Pontier)
107 *La Criminologie* (M. Cusson)
121 *Droit des sociétés* (J. Bonnard)
127 *Droit civil / Droit de la famille* (M. Le Bihan-Guénolé)
129 *Mémento des grandes œuvres politiques* (B. Ravaz)
132 *Droit pénal général* (P. Canin)
137 *Droit des entreprises en difficulté* (J. Bonnard)
143 *Droit communautaire matériel* (J. Dutheil de la Rochère)
144 *Droit commercial* (P. Canin)
146 *Méthodes de travail de l'étudiant en droit* (J. Bonnard)
147 *Droit public économique* (J.-P. Valette)
156 *Droit civil / Les obligations* (P. Canin)
148 *Droit civil / Les biens* (R. Desgorces)
149 *Les grandes décisions de la jurisprudence communautaire* (P. Rambaud)
161 *Quel droit pour l'environnement ?* (S. Maljean-Dubois)
164 *Droit constitutionnel* (P. Blachèr)
171 *Droit pénal spécial* (S. Jacopin)

www.hachette-education.com

ISBN 978-2-01-146092-9

Table des matières

1 chapitre

Les politiques sociales au cœur de l'État-providence

Les politiques sociales se développent avec l'intervention de l'État à la fin du XIXe siècle. Si l'on considère le triptyque walrassien (économie pure, économie appliquée, économie sociale), elles s'intègrent à l'économie sociale. Considérée à tort comme une branche de la sociologie, l'économie sociale a été souvent identifiée aux travaux de Charles Gide (1847-1932), qui lui attribue trois types d'activités (améliorer le régime du travail salarié, favoriser la sécurité de l'avenir, promouvoir l'indépendance économique).

Pour Marie-Thérèse Join-Lambert les « Politiques sociales » constituent une :

> *Invention nécessaire pour rendre gouvernable une société ayant opté pour un régime démocratique, dans le cadre d'un système économique libéral ; il s'agit d'un ensemble d'actions mises en œuvre pour parvenir à transformer les conditions de vie, d'abord des ouvriers puis des salariés et éviter les explosions sociales, la désagrégation des liens sociaux.*

Ces actions sociales développées par l'État-providence ont trois finalités : 1. Lutter, par la redistribution, contre la pauvreté, c'est-à-dire contre le manque (de soins, de revenus, de logement, d'emploi, d'éducation). 2. Atténuer, par la fourniture de services sociaux, les effets négatifs des politiques économiques tournées vers le profit. 3. Assurer une régulation sociale à finalité humaine.

Deux taux mesurent leur importance :

Le taux de prélèvements obligatoires. Selon le Gouvernement, ***le taux de prélèvements obligatoires serait de 40,7 % du PIB en 2009 et en 2010***, l'un des taux les plus élevés de l'OCDE.

Le taux des dépenses publiques a représenté ***en 2009, 56 % du PIB***. La France n'est dépassée au sein de l'OCDE que par la Suède et le Danemark.

Le coût des politiques sociales et l'endettement qu'elles suscitent sont l'objet d'une controverse entre les partisans d'un État-providence financé par des prélèvements fiscaux élevés et les théoriciens libéraux qui pensent qu'une fiscalité importante freine l'activité économique. Cette opposition, qui trouve sa traduction au niveau politique, ne permet pas les adaptations nécessaires. En conséquence les politiques sociales sont financées par le déficit et la dette publique.

I. Les politiques sociales

Nous présenterons les politiques sociales financées par les budgets de l'État, de la protection sociale, et des collectivités locales, (excepté l'environnement) ; les politiques de **protection sociale,** de l'**éducation**, du **logement** et de **la ville,** de l'**emploi**, la politique **anti-pauvreté,** les politiques sociales en faveur de **groupes sociaux spécifiques** (femmes, enfants, handicapés, immigrés) et la **politique de la culture, de la jeunesse et des sports.**

A– La naissance de la protection sociale

La protection sociale concerne des domaines comme le handicap, la maladie, la vieillesse, la famille ou le chômage et représente plus du tiers du PIB en France.

1. Des origines à 1945

Dès le XVe siècle, ***les communautés religieuses*** portent secours aux pauvres. Les corporations, les confréries, les compagnonnages, assureront à leur tour une aide à leurs condisciples dans le besoin. Mais le pouvoir royal prend lui aussi des mesures sociales : un édit d'Henri IV du 16 mai 1604 prescrit de secourir gratuitement les travailleurs blessés dans les mines : Louis XIV crée les Invalides en 1670 pour abriter les soldats mutilés.
Avec la Révolution française, l'État se voit échoir une nouvelle mission : assurer une assistance nationale pour tous. La loi Le Chapelier du 17 juin 1791 supprime les corporations, entraves à la liberté individuelle.
L'entraide va se développer avec ***les sociétés de secours mutuel*** (15 juillet 1850), mais la législation sociale ne naîtra qu'à la fin du XIXe siècle : autorisation du syndicalisme (1884), réglementation de la durée du travail (1892), protection des victimes d'accidents du travail (1898). Le début du XXe siècle verra se développer des régimes d'assurances sociales dans la plupart des pays d 'Europe. En France, ***les lois du 5 avril 1928 et du 30 avril 1930,*** créent, au bénéfice des salariés de l'industrie et du commerce, ***le premier système complet*** et obligatoire d'assurances sociales (couverture des risques maladie, maternité, invalidité, vieillesse, décès).

2. La Sécurité sociale : naissance et développement

Au lendemain de la Seconde Guerre mondiale, la Sécurité sociale bénéficie de l'impulsion d'une ***doctrine nationale*** (la pensée socialiste française, incarnée par Gracchus **Babeuf** (1760-1797), Charles **Fourier** (1772-1837), Pierre Joseph **Proudhon** (1809-1865)) ***et internationale*** (le rapport de William Henry **Beveridge** (1879-1963), présenté à la Chambre des Communes en Grande-Bretagne est rendu public en novembre 1942). Ces influences, produisant leurs effets dans un contexte économique et social très dégradé par la guerre, vont donner lieu à ***un plan français spécifique.***
Ce plan (1945-1946) va procéder à une refonte des législations antérieures et assurer une protection aux travailleurs et à leur famille ; l'extension se fera par vagues successives, à partir de 1947, et s'accompagnera de réformes structurelles.
Les effectifs des cotisants des différents régimes pour l'assurance maladie passent de 680 000 en 1955 à 20,7 millions en 1967. En 2009, le nombre de cotisants pour tous les régimes de retraites est de 25,4 millions, et toute la population est couverte par la CMU.
Depuis 1946, de nouveaux régimes ont été créés concernant les cadres et les fonctionnaires (1947), les artisans, les professions industrielles et commerciales et des professions libérales (1948), les exploitants agricoles (1952, et 1961, 1966) ; les non-salariés non agricoles (1966), les salariés agricoles (octobre 1972) ; on assiste à partir de juillet 1975, à la généralisation à l'ensemble de la population active de l'assurance vieillesse obligatoire, à l'institution d'un régime particulier pour les ministres du culte et les membres des congrégations religieuses (janvier 1978). ***La loi du 28 juillet 1999*** institue une couverture maladie universelle pour les plus démunis (la CMU).
L'extension de la protection sociale s'accompagne de contreparties : le coût de la santé est de plus en plus élevé, les déremboursements de plus en plus fréquents, la prise en charge des personnes âgées très insuffisante. Et selon une étude menée dans un millier de services hospitaliers, la fin de vie à l'hôpital, reste, un des éléments essentiels de ***la maltraitance en milieu hospitalier.***

B– La politique de l'éducation

La politique éducative financée par le budget de l'État (77,5 milliards d'euros en 2008) assure plusieurs missions à finalité sociale :

1. ***L'alphabétisation*** a commencé dès l'Ancien Régime ; la généralisation de l'instruction a été conduite par *les lois Ferry* de 1881-1882, qui ont instauré l'école obligatoire, laïque et gratuite.
2. L'école doit amener le plus d'élèves possible à ***un niveau élevé d'instruction.*** Si la création des universités date du Moyen Âge (Paris : 1208, Montpellier : 1220), leur développement se poursuit aujourd'hui, avec le passage à l'autonomie

des universités françaises, et la volonté européenne d'amener 50 % d'une classe d'âge à un niveau d'études supérieur.

3. L'école participe à la ***formation professionnelle*** (stages de formation) ; elle le fait plus systématiquement depuis 1971.
4. L'école doit aussi inculquer les valeurs, les idéaux de la République : la liberté, l'égalité, la fraternité. L'émancipation de l'esprit humain, chère à Condorcet, suppose une architecture idéologique : c'est l'objet de ***l'éducation civique*** et de ***l'éducation à la citoyenneté***, mais cela implique également le respect des droits des enseignants (liberté pédagogique, respect statutaire, refus de la précarité, protection contre les violences).
5. ***La reconnaissance de l'égalité*** – entre les sexes, entre les enfants – a toujours été un des principes fondateurs de l'école.
6. En scolarisant tous les élèves l'école cherche à ***éviter l'exclusion.***

Les politiques orientées vers ces objectifs se sont développées sous la Ve République, avec une accélération, à partir de 1985 dans les domaines de l'allongement de la scolarité et de l'égalité entre les enfants. Cependant au début des années 2000, ***seuls 37 % sont sortis titulaires d'un diplôme de l'enseignement supérieur.***
La politique de l'éducation connaît plusieurs limites dans les domaines de ***la laïcité, des droits des enseignants, et elle prépare peu à la vie professionnelle.*** Pour Denis Jeffrey, Fu Sun (*Enseignants dans la violence*, Presses de l'Université Laval, 2006), 8 % des enseignants se sentent plus ou moins en sécurité dans l'école, alors que 2 % d'entre eux ne s'y sentent pas du tout en sécurité, 16 % des enseignants se sont absentés, à cause de violences subies et 20 % ressentent de l'insatisfaction dans leur milieu de travail.
Un « débat » national sur l'« avenir de l'école » (2003-2004) a abouti à la présentation d'une réforme en décembre 2008. En 2009, 123 établissements ont été retenus pour expérimenter certains points de la réforme du lycée – semaine de bilan et d'orientation, semestrialisation, accompagnement individualisé, groupes de compétences en langues, etc. La réforme Chatel, ***incluant le tutorat,*** devrait s'appliquer dès l'année scolaire 2010-2011.

C– La politique du logement et de la ville

La politique de la ville est récente, mais les premiers textes législatifs relatifs à la politique du logement datent du XIXe siècle.

1. L'essor du logement social

Se loger est une possibilité que les pauvres n'ont pas ; c'est pourquoi le droit au logement est devenu en France une priorité essentielle. Le logement social est apparu à la fin du XIXe siècle.

La loi Siegfried (1894) organise les premières formes du logement social, ancêtres des HLM, dénommées alors Habitations à bon marché (HBM), en réponse aux conditions dramatiques d'habitation, que connaissent les couches populaires urbaines du fait de l'accélération de l'urbanisation. Cet habitat se développera ensuite grâce à deux lois :

- ***la loi Straus*** du 12 avril 1906, qui favorise la construction des HBM ;
- ***la loi Bonnevay*** du 23 novembre 1912, qui crée des offices publics d'HBM, à l'initiative des collectivités locales.

La loi loucheur du 13 juillet 1928 et la loi du 28 juin 1930 créeront les HBM améliorées.

Après la Seconde Guerre mondiale, les destructions, l'expansion démographique et le développement urbain vont générer une crise du logement. **La maîtrise des sols,** pour la construction de l'habitat social, et **l'aide aux investissements** vont s'affirmer comme des principes de base de la politique du logement ; l'essor du logement social sera favorisé par les programmes visant à créer des HLM et, en décembre 1967, la loi d'orientation modifiera les procédures d'intervention de l'État en matière d'aménagement urbain.

La crise du logement est due à un déficit de l'offre de logements, mais également à la paupérisation du logement social et à l'accueil de populations insolvables, en raison notamment de la crise économique.

2. La politique de la ville

Le rapport **Sueur** (1998) évoque plusieurs dates relatives à sa naissance : 1971, 1981, 1983, 1988. Mais l'institutionnalisation de cette politique a été acquise le 21 décembre 1990, avec la nomination de Michel Delebarre comme ministre d'État au ministère de la Ville. La politique de la ville est née de la prise de conscience, à la suite des incidents de l'été 1981 dans la banlieue lyonnaise, ***de l'existence de problèmes sociaux, économiques et urbanistiques*** touchant certains quartiers difficiles relevant principalement de l'habitat social. Elle est, en 2010, malgré les efforts de rénovation, d'intégration, et de sécurisation entrepris, en proie aux mêmes problèmes, encore accentués par des effets de ghettoïsation.

D– La politique de l'emploi

Dans la plupart des pays occidentaux, les composantes des politiques de l'emploi se mettent en place après la Seconde Guerre mondiale, **le développement massif** de ces outils (indemnisation du chômage, service public de l'emploi, programmes ciblés) se produit **après les deux chocs pétroliers** : face au chômage de masse et à l'inefficacité

de tentatives de relance macroéconomique la plupart des pays réagissent en créant des dispositifs ciblés d'aide au retour à l'emploi.
On passe alors d'une phase de **régulation économique** (de 1955 à 1974), dans laquelle la crainte des pénuries de main-d'œuvre incite à encourager l'activité féminine, l'immigration et la formation professionnelle, à une phase de **régulation sociale.** Jusqu'à la récession de 1974-1975, le maintien du plein-emploi est considéré comme relevant de la politique macroéconomique dans le cadre de l'élaboration de différents plans.

1. Les composantes des politiques de l'emploi

Au sens large, on peut classer les politiques de l'emploi en neuf grandes catégories (J.-C. **Barbier**, *les politiques de l'emploi en Europe*, Flammarion, 1997) :

- Les mesures qui diminuent la population active (ex : préretraites).
- L'indemnisation du chômage
- l'abaissement du coût salarial (ex : la désindexation des salaires sur les prix)
- Les actions de formation professionnelle
- Les mesures de diminution et d'aménagement du temps de travail
- les actions de discrimination positive envers certaines catégories, comme les handicapés
- Les mesures qui contribuent à l'organisation des marchés du travail, les politiques d'insertion professionnelle
- La création d'emplois temporaires publics ou associatifs
- L'incitation à la création d'entreprise.

Une autre définition, (chap.4), centrée sur ***la dépense publique pour l'emploi (DPE),*** peut être choisie.

2. La mise en place des structures du service public de l'emploi

Si l'origine des politiques de l'emploi remonte à la Première Guerre mondiale, avec une politique générale de la main-d'œuvre, les structures qui vont permettre le fonctionnement des politiques sociales de l'emploi apparaissent ***à partir de 1958*** :

- ***l'UNEDIC*** (Union nationale interprofessionnelle pour l'emploi dans l'industrie et le commerce) ***et les Assedic*** (associations pour l'emploi dans l'industrie et le commerce), créées par l'accord interprofessionnel du 31 décembre 1958 en vue de compléter l'aide publique aux chômeurs. Ces institutions seront chargées à partir de 1984 du recouvrement des cotisations chômage et du paiement des prestations ;
- ***le Fond d'action sociale pour l'aménagement des structures agricoles,*** créé à la fin de 1962 ; ***le Fonds national de l'emploi (FNE),*** institué ***en 1963,*** va fournir

plusieurs sortes d'aides (ex : des allocations spéciales aux travailleurs âgés difficiles à reclasser).
- ***l'Agence nationale pour l'emploi*** (ANPE), créée par ***les ordonnances du 13 juillet 1967,*** assure le service public du placement des travailleurs.
- Création des « Maisons de l'emploi » en 2005, pour regrouper les services d'aides aux chômeurs, y compris les dispositifs locaux, selon la logique du guichet unique.
- L'entrée en vigueur du « ***Pôle Emploi*** » au 1er janvier 2009 : ***la fusion entre l'ANPE et l'UNEDIC,*** prévue par la loi de modernisation du marché du travail de janvier 2008 est effective ; ces réformes s'accompagnent du développement de nouvelles techniques de suivi des demandeurs d'emploi, comme ***le profilage.***

Entre 1973, où elle atteignait 10 milliards de francs, et 2006, où elle était de 57 milliards d'euros, la dépense pour emploi a été multipliée par 37.

E– La naissance des politiques anti-pauvreté.

Il existe trois degrés de pauvreté : la misère de ceux qui n'ont pas de domicile (vagabonds par exemple), pas de travail, ou une activité peu rémunératrice ; la pauvreté des travailleurs aux ressources limitées ; la catégorie des appauvris qui apparaît en période de crise. L'histoire montre la différence entre ces trois populations, qui disposent aujourd'hui de nombreuses prestations sociales.

1. Le Moyen Âge : le sort aléatoire des plus pauvres

Les travaux de Bronislaw **Gérémek** (*La potence ou la pitié,* Gallimard, 1987) montrent que, si la société mérovingienne (ve-viiie siècles) semblait assez mal disposée à l'égard des indigents, au cours des xie et xiie siècles, la pauvreté à la suite des pères de l'Église commence à devenir une valeur spirituelle et l'on distingue alors ***la pauvreté choisie,*** comparable à celle de Jésus se dépouillant de sa puissance de fils de Dieu, et ***la pauvreté subie.***
Mais la misère choisie par les hommes de Dieu, l'est également par des ***mendiants*** qui en font leur profession. Après les effets dévastateurs de la Peste noire qui, en 1342, accroît de manière considérable le nombre des vagabonds, sera mise en place la ***première loi réprimant le vagabondage (1351).*** Les mendiants organisés en bandes, et vivant de vols et de rapines, font l'objet de répressions, mais l'existence de pauvres est reconnue et la pauvreté subie suscite la compassion et la charité.
Les paysans constituent une autre catégorie de misérables. Ils ont longtemps été sous la tutelle du seigneur, qui leur octroyait sa protection moyennant des travaux, des taxes et des humiliations comme le doit de cuissage. À la ville, certaines catégories n'ont pas accès au statut de membre d'une corporation : ainsi, ***ouvriers journaliers,***

manœuvres, femmes, apprentis, mais aussi familles sans ressources, logent souvent dans des caves. Pour Jean-Pierre **Leguay** (*Pauvres et marginaux au Moyen Âge*, éditions Gisserot, 2009) aux XIVe et XVe siècles, la pauvreté est omniprésente et ***menace un bon tiers à la moitié de la population selon les circonstances.***

2. Du XVIIe siècle à la Révolution française : de la répression à la compassion

Dans les campagnes, les paysans se révoltent, dans les villes, au XVIIe siècle commence le grand renfermement décrit par Michel **Foucault** (*Histoire de la folie à l'âge classique*, Plon, 1961). Un édit royal du 27 avril 1656 crée l'Hôpital général, institution chargée d'empêcher la mendicité et l'oisiveté, sources de tous les désordres. Pour la première fois on substitue aux mesures d'exclusion purement négatives une mesure d'enfermement : le chômeur n'est plus chassé ou puni, ***il est pris en charge, aux frais de la nation, mais aux dépens de sa liberté individuelle***.
Pour Philippe **Sassier** (*Du bon usage des pauvres,* Fayard, 1990), en se généralisant la pauvreté va être ressentie comme une réalité omniprésente. Les pauvres, qui évoquent au moment des édits de renfermement la marginalité dangereuse en viendront à constituer, à l'issue de cette période, ***un élément essentiel de l'idée de peuple***.
Le XVIIIe siècle permet de comprendre la différence entre ***les misérables*** (le quatrième ordre) et ***les pauvres*** (majoritaires dans le Royaume de France), paysans subissant un système fiscal inique et n'arrivant pas à vivre de leurs récoltes. Les travaux de **Vauban** (*Projet d'une dîme royale*, 1707) nous renseignent sur l'étendue de la misère (60 % de la population) et de la pauvreté (30 % !) : « *Il n'y a pas dans le Royaume de France dix mille familles qu'on puisse dire fort à leur aise* ». Avec **Bossuet** (1627-1704), la pauvreté laborieuse des paysans va devenir une vertu qui, plus tard, justifiera la Révolution.

3. Au XIXe siècle : la pauvreté de masse

La Révolution passée, la suspicion à l'égard des misérables revient. Les travailleurs les moins aptes aux tâches productives vont former une catégorie résiduelle, appelée par Karl **Marx** « *lumpenprolétariat* ». Ils sont affectés de père en fils à des ***tâches serviles.***
Les sous-prolétaires ne sont pas tous des vagabonds : ils comprennent aussi des ouvriers chômeurs sans domicile fixe, des travailleurs saisonniers, mais ils sont ***privés du droit de vote.*** En 1848, l'esclavage est aboli dans les colonies françaises, mais la bourgeoisie, qui cherche à accaparer le monopole du pouvoir, va instituer le suffrage censitaire : le suffrage universel proclamé par la République le 5 mars 1848 sera limité

par la ***loi du 31 mai 1850,*** qui exclut du corps électoral trois millions d'indigents (soit 40 % des électeurs), incapables de payer l'impôt.
Au XIXe siècle, on continue à considérer, sous la pression de la pensée socialiste de Proudhon et de Marx, qu'il y a une « ***pauvreté saine*** » des travailleurs et une « ***pauvreté anormale*** » des misérables, assimilée au désordre et au vice. En 1899, on procède jusqu'à cinquante mille ***arrestations pour vagabondage.*** Pour Jacques **Attali** (*Au propre et au figuré*, Fayard, 1988) « *Le siècle aura fonctionné comme une machine à convertir des paysans désœuvrés en ouvriers surexploités. Quand il s'achève, les trois quarts de la population active anglaise, les deux tiers de la population active française sont salariés. Tous sont à la recherche de deux propriétés essentielles : un toit et la santé* ».

4. Le XXe siècle : exclusion et pauvreté multidimensionnelle

La Première Guerre mondiale résorbe presque totalement le vagabondage, qui réapparaîtra avec la Grande Dépression des années 1930. Les conditions de vie de la classe ouvrière ne changent véritablement qu'en 1936, avec le Front populaire, qui instaure les congés payés ; cependant, les conditions de vie restent encore bien précaires. Dans le langage politique le mot « ***prolétaire*** » a remplacé le mot « pauvre », la condition des ouvriers s'apparente en effet à celle des pauvres.
À partir des années 1960, le terme d'« ***exclu*** » apparaît et dans les années 1970, les différentes formes de pauvretés et d'appauvrissement se ravivent.
À la fin du XXe siècle. Devant l'ampleur prise par la pauvreté et le décalage entre la réalité sociale et les estimations « officielles » de la pauvreté, différents travaux insistent sur le caractère multidimensionnel de la pauvreté. ***La pauvreté n'est pas définie par un seul concept, mais par un ensemble de concepts, il s'agit d'un concept disjonctif.***

5. Le début du XXIe siècle : la pauvreté psychologique

Une nouvelle forme de pauvreté se développe (la pauvreté psychologique), liée aux nouvelles conditions d'organisation du travail, qui semble constituer un phénomène structurel, lié à une nouvelle régulation.

F– Les politiques envers certains groupes spécifiques.

En France, à la différence d'un nombre encore important de pays, les femmes, les enfants, les handicapés et les étrangers ont acquis des droits importants.

1. La défense des femmes

La revendication féministe, qui est apparue dans la « Déclaration des droits de la femme et de la citoyenne » d'Olympe de **Gouges** (1748-1793), et s'est affirmée dans les analyses de Simone de **Beauvoir** (*Le deuxième sexe*, Gallimard, 1949), a abouti, dans les années 1970, à l'émergence d'une critique plus radicale, conduite par le ***Mouvement de Libération des Femmes (MLF).*** L'égalité entre les sexes est alors réclamée à quatre niveaux : accès à l'instruction, à la vie politique, égalité dans le travail et dans la vie familiale.

→ L'accès à l'instruction

L'instruction a rendu possible ***l'accès des femmes à un grand nombre de professions***. Mais ce n'est que dans la seconde moitié du XIXe siècle, que les grandes universités européennes ont admis des étudiantes. Avant 1914, seulement un demi-millier de jeunes filles avait obtenu leur baccalauréat. À la fin du XIXe siècle, la situation s'est radicalement transformée.

L'instruction ne permet pas forcément ***l'accès aux carrières politiques.*** En 1936 des femmes (sans droit de vote !) entrent au gouvernement (Irène Joliot-Curie est nommée sous-secrétaire d'État à la Recherche, Cécile Brunschvicg à l'Éducation nationale). ***Le droit de vote des femmes*** en France date de 1944, mais il faudra attendre le début des années 1990, pour qu'une femme (la socialiste Édith Cresson) soit nommée aux plus hautes fonctions de l'État (Premier ministre).

→ Le travail des femmes

Il s'est imposé à la suite des deux grandes guerres. Il est une condition majeure de leur émancipation. Mais une protection s'est développée à leur égard dès la fin du XIXe siècle : en 1874, ***le travail des femmes dans les mines est interdit*** ; en 1892, la journée de travail est limitée à dix heures pour les filles de moins de seize ans, avec une durée hebdomadaire maximale de 60 heures. ***Le travail de nuit*** est interdit. Il est depuis novembre 2000 autorisé en vertu de l'égalité professionnelle entre les hommes et les femmes.

En 1902, la journée de travail des femmes est limitée à 10 heures 30, en 1904 à dix heures. En 1910, les institutrices vont bénéficier d'un congé de maternité de deux mois à plein traitement, généralisé à toute la fonction publique en 1928. En 1945, ***le congé de maternité devient obligatoire :*** il est de deux semaines avant l'accouchement et six semaines après, et est indemnisé à 50 %. En 1966, ce congé passe à 14 semaines ; il est aujourd'hui de seize semaines (et davantage en cas de naissances multiples), et pleinement indemnisé jusqu'à un certain plafond.

→ Le domaine familial

Après la Seconde Guerre mondiale, le mariage subit de profondes modifications, avec l'abolition des dispositions autoritaires du Code Napoléon, qui soumettaient la femme aux décisions du chef de famille (la notion de chef de famille a désormais disparu sur le plan civil).

La maîtrise de la procréation devient un enjeu de pouvoir. **La loi Neuwirth**, du 28 décembre 1967, autorise la prescription de la pilule contraceptive. **La loi Veil**, du 17 janvier 1975 légalise l'interruption volontaire de grossesse (IVG). Cependant, le Collectif national pour les droits des femmes rappelle qu'en France, en 2009, « (...) les femmes représentent 80 % des travailleurs pauvres, assurent l'essentiel du travail ménager et de l'éducation des enfants (...) ***Une femme meurt tous les deux jours et demi sous les coups de son conjoint. Une femme est violée toutes les 10 minutes*** ».

2. L'aide aux handicapés

En France, les travailleurs handicapés bénéficient d'un dispositif d'insertion professionnelle, qui s'est surtout développé après la Seconde Guerre mondiale.

Cinq lois majeures (dont la première date de 1923) sont intervenues pour favoriser l'obligation d'emploi. Si la loi du 11 février 2005 pour l'égalité des droits et des chances, la participation et la citoyenneté des personnes handicapées pose le principe d'un nouveau droit pour la personne handicapée : le « ***droit à compensation*** » des conséquences de son handicap, quelles que soient l'origine et la nature de sa déficience, son âge ou son mode de vie, l'accès des handicapés aux bâtiments publics et aux commerces n'est pas encore pleinement réalisé.

3. la politique sociale envers les immigrés

Elle est aujourd'hui source de polémique, en raison du changement de nature de l'immigration dû au regroupement familial. Elle dispose depuis le 30 décembre 2004, de l'appui de la HALDE afin d'éviter les discriminations.

4. La protection de l'enfance

La protection des mineurs contre les dangers qui les menacent (au niveau familial, éducatif et professionnel) n'est plus le monopole des parents. L'État s'est reconnu, depuis la fin du XIXe siècle, le droit d'agir. Depuis le rapport présenté en 1970 aux Nations unies, sur la priorité donnée à la prévention, la protection des mineurs a trouvé un important fondement juridique dans ***la Convention internationale des droits de l'enfant,*** adoptée le 20 novembre 1989 par les Nations Unies (et entrée en vigueur, en France en octobre 1990). La Proposition de recommandation du Parlement européen du 30 avril 2004, sur la protection des mineurs souhaite assurer une protection contre toutes les formes de violence.

G– La politique culturelle

Le domaine de la culture, préoccupation constante des pouvoirs monarchiques était, à l'origine, réservé à une élite. Mais la culture est devenue une industrie chargée de produire des « biens culturels », et aussi une politique sociale, permettant aux différents groupes sociaux de mieux vivre. Elle a été prise en charge et développée par les pouvoirs publics, sous l'impulsion de quelques personnalités (André Malraux, dans les années 1960, ou Jack Lang, dans les années 1980), et d'institutions prestigieuses comme l'Unesco ou le Conseil de l'Europe.

Un instrument de la puissance française. Depuis François Ier qui, par l'ordonnance de Villers-Cotterets, en 1539, imposa l'usage du français en passant par la création en 1635, par Richelieu, de l'Académie française, l'autorité royale n'a cessé de faire de la protection des arts et de la culture, un instrument de la puissance française. En 1793 l'Institut de France est créé, en 1795 ce sont le Conservatoire des arts et métiers et le Conservatoire national de musique.

Le XIXe siècle sera marqué par la naissance de l'instruction publique, mais en 1830, Guizot va mettre en place l'Inspection générale des monuments historiques, qui, animée par Prosper Mérimée, permettra la reconstitution sur tout le territoire d'un patrimoine national laissé à l'abandon. Le Second Empire accorde une place privilégiée à l'architecture. Le XIXe siècle est marqué par la tenue de 5 expositions universelles de 1855 à 1900. Le XXe siècle, verra en 1936, l'amorce d'une politique des loisirs, à vocation culturelle, avec le développement des auberges de jeunesse. En 1946, le préambule de la Constitution, affirmera ***la volonté de la nation de permettre l'accès aux citoyens à l'instruction, et à la culture.***

La politique culturelle française prendra réellement son envol avec la création du ministère des Affaires culturelles en 1959, confié à André Malraux. À partir des années 1979, le secteur culturel se développe, la notion de diversité émerge, la culture est décentralisée et, avec « ***l'exception française*** » le modèle culturel français à partir des années 1990 tente de se protéger de la mondialisation.

II. L'État-providence

Améliorer le bien-être de la population tout en améliorant l'équité sociale. Cette idée se propage dans les élites, vers la fin du XIXe siècle. Sous la pression des luttes sociales, l'État-providence qui désigne l'intervention de l'État dans le domaine social, particulièrement à travers le système de protection sociale, va apparaître en Europe. Cette conception s'oppose à celle de l'État-gendarme, limitant le rôle de l'État à des fonctions régaliennes (ex : justice, police, etc.)

A– Le développement

Malgré la tendance baissière enregistrée depuis 1999, le TPO demeure à un niveau élevé, tant d'un point de vue historique que par comparaison avec les autres pays.

Tableau 1.1. **Taux de prélèvements obligatoires en France, en % du PIB**

1970	1980	1990	1999	2007	2008	2009	2010	2011	2012
34	40,2	41,8	44,9	43,3	42,8	41,6	42 (p)	43 (p)	> 43 (p)

Source INSEE jusqu'en 2009

En 2007, selon Eurostat, ***la France était au 4e rang***, au sein de l'UE27 pour le poids de ses recettes fiscales : 1er Danemark (48,7 %) ; 2e Suède (48,3 %) ; 3e Belgique (44 %) ; France (43,9 %). L'Allemagne était au 10e rang avec 39,5 %, la Grèce (32,1 %) au 22e rang, et la Slovaquie était la championne des prélèvements les plus bas (29,4 %).

B– Les contours actuels de l'État-providence

L'État moderne remplit trois fonctions : ***allocation de services***, ***régulation***, ***redistribution***. Il est assimilé du fait de ses interventions sociales à un « État-providence ». On peut considérer que celui-ci est la composante principale de l'État moderne, qui s'est développé sur la base d'un État traditionnel.

1. Les fonctions d'allocation

L'État assume, aujourd'hui comme par le passé (que ce soit dans l'Égypte ancienne ou à Rome) des fonctions traditionnelles d'allocation des ressources correspondant aux services collectifs : défense, justice, sécurité, diplomatie, etc. Elles sont égales à 76,21 milliards en 2010.

Tableau 1.2. **Les crédits affectés aux fonctions d'allocation (dans l'ensemble des crédits du budget général en 2010 par mission)**

Mission	Autorisation d'engagement	En % de l'ensemble des crédits
Action extérieure de l'État	2,66	0,92 %
Administration générale et territoriale de l'État	2,6	0,90 %
Anciens combattants	3,43	1,19 %
Défense	39,26	13,69 %
Direction de l'action du gouv.	0,56	0,19 %
Justice	7,39	2,57 %
Médias	1,15	0,40 %
Outre-mer	2,09	0,72 %
Sécurité	16,65	5,80 %
Sécurité civile	0,42	0,15 %
Total	**76,21 milliards d'€**	**26,60 %**

Source PLF 2010

2. Les fonctions de régulation

Elles visent à maintenir par des interventions l'équilibre du système (on y trouve les subventions aux entreprises). Elles représentent plus du quart du budget de l'État.

Tableau 1.3. **Les crédits affectés aux fonctions de régulation**

Missions	Autorisation d'engagement	En % de l'ensemble des crédits
Agriculture, pêche, forêt.	3,42	1,19 %
Conseil et contrôle de l'État	0,59	0,20 %
Écologie, dévelop. durable	10,29	3,58 %
Économie	1,96	0,68 %
Engagements financiers de l'État (dette)	44,19	15,41 %
Gestion des finances publiques.	11,57	4,03 %
Plan de relance de l'économie	2,34	0,81 %

Missions	Autorisation d'engagement	En % de l'ensemble des crédits
Pouvoirs publics	1,02	0,35 %
Provisions	0,12	0,01 %
Relati. avec les coll. territoriales	2,57	0,89 %
Total	**78,07 milliards d'€**	**27,23 %**

Source PLF 2010

3. Les fonctions de redistribution

Tableau 1.4. **Les crédits affectés aux fonctions de redistribution**

Missions	Autorisation d'engagement	En % de l'ensemble des crédits
Aide pub. Au développement	3,09	1,07 %
Culture	2,88	1,00 %
Enseignement scolaire	60,9	21,24 %
Immigration, asile	0,57	0,20 %
Politique des territoires	0,38	0,13 %
Recherche et ens. supérieur	25,43	8,87 %
Régimes sociaux et de retraite	5,73	1,99 %
Santé	1,18	0,41 %
Solidarité, insertion…	12,36	4,31 %
Sport, jeunesse et vie assoc.	0,83	0,30 %
Travail et emploi	11,36	3,96 %
Ville et logement	7,71	2,68 %
Total	**132,42 milliards d'€**	**46,00 %**

Source PLF 2010

Les politiques de redistribution modifient la répartition des richesses. L'État y consacre plus de 40 % de son budget, et elles absorbent l'intégralité du budget de la protection sociale.

- **Les dépenses de redistribution dans le budget de l'État** sont retracées par le tableau 1.4.

- **Les dépenses de redistribution dans le budget de la protection sociale** figurent au tableau 1.5.

Le montant des dépenses du budget de la Sécurité sociale (montant des dépenses), toutes branches confondues, a été en 2005 de 265,5 milliards d'euros pour le régime général et de 363,7 milliards d'euros pour l'ensemble des régimes obligatoires de base. En 2008, le montant total des charges nettes du régime général s'élève à 303 milliards d'euros et ***414 milliards d'euros en tous régimes (2 715 mds de francs).***

Tableau 1.5. **Les fonctions de redistribution de la Sécurité sociale en milliards d'euros en 2005, pour le régime général**

	Recettes	Dépenses	Solde
Maladie	121	129	-8
Vieillesse	78,8	80,7	-1,9
Famille	50	51,4	-1,4
Accid. du travail	9	9,4	-0,4
Toutes branches	253,9	265,5	-11,7

Source Loi de financement de la sécurité sociale 2010

4. Le poids des dépenses sociales de l'État-providence

Si l'on ajoute le montant des dépenses sociales du budget de l'État (132 milliards) et les dépenses de la protection sociale reçues effectivement par les ménages (414 milliards), on obtient, en incluant la part des prestations sociales données par les collectivités locales (17 milliards), 663 milliards d'euros de dépenses sociales, qui rapportées à un PIB, évalué à 1 892 milliards en 2007 donne ***le poids véritable de l'État-providence : 35 % environ du PIB.***

III. Résultats et comparaisons internationales

A– Le financement des politiques sociales : coûteux et contesté

Il est effectué par les prélèvements obligatoires, mais le **déficit public et l'endettement participent au financement des politiques sociales.**

1. Prélèvements, dépenses publiques, déficit et dette

Les prélèvements obligatoires en 2007 en France s'élevaient à 819,3 milliards d'euros. Le PIB étant 1 892 milliards d'euros, le taux de prélèvements obligatoires s'élevait à 43,3 % en 2007. Les prélèvements comprennent des impôts et des cotisations sociales. Les prélèvements obligatoires financent 5 budgets : l'État pour 272,2 milliards (14,4 %), l'ODAC (organismes divers d'administration centrale) pour 18,2 milliards (1 %), les administrations publiques locales pour 107,5 milliards (5,7 %), les administrations de sécurité sociale pour 416,1 milliards d'euros (22 %), et les institutions européennes pour 4,9 milliards (0,30 %)
Les comparaisons internationales montrent que le taux de prélèvements obligatoires, en France continue à être un des plus élevés dans le monde.
Recettes publiques, dépenses, déficit, dette. Selon un rapport de la commission des finances du Sénat français, les prélèvements obligatoires ne correspondent pas à la totalité des recettes publiques. Les comparaisons entre niveaux de recettes publiques seraient plus pertinentes pour évaluer le poids de la sphère publique dans l'économie. L'ensemble des dépenses publiques se sont montées à 53,4 % du PIB en 2006, contre « seulement » 50,8 % pour les recettes publiques. Le déficit public a donc été de 2,6 % du PIB. La dette publique résulte des déficits et atteignait au sens des critères de Maastricht en 2006, 63,6 % du PIB. Elle a été ***évaluée à la fin du 2e trimestre 2010 à 1 591,5 milliards d'euros (82,9 % du PIB).***
Dans l'UE à 27, en 2008, les dépenses publiques totales ont représenté 46,8 % du PIB, les parts les plus élevées étaient enregistrées en Suède (53 %), en France (52,7 %), au Danemark (51,8 %) et en Belgique (50 %). Les plus faibles se trouvaient en Slovaquie (34,8 %), au Luxembourg (37,2 %), en Bulgarie (37,3 %) et en Lituanie (37,4 %).

2. Un financement contesté : justifications théoriques

Les États-Unis, le Royaume-Uni, et à leur suite, d'autres pays occidentaux se sont engagés dès le début des années 1980 dans ***une politique de réforme fiscale.***
L'objectif de réduction des prélèvements obligatoires trouve sa justification dans deux thèses : ***L'improductivité du secteur public.*** L'école du *Public choice* a essayé de montrer par ses différents économistes : James Buchanan (prix Nobel 1986), Gordon Tullock, Anthony Downs, William Niskanen, Albert Breton, Robert Tollison, la nature improductive du secteur public. Les théoriciens néoclassiques proposent d'accroître la compétitivité des services publics en les privant de tout contrat d'exclusivité. Outre la déréglementation, visant à transférer au secteur privé, par l'intermédiaire des privatisations, les productions effectuées par le service public, il faudrait, pour améliorer la compétitivité des bureaucrates ***introduire la compétition à l'intérieur des services.***

Pour l'école du *Supply side* ***les réductions fiscales*** sont nécessaires au soutien de l'activité productrice. Les travaux d'Arthur Laffer, qui a essayé de montrer la nocivité d'un excès d'imposition sont utilisés. Le taux d'imposition de 50 %, souvent avancé, semble un seuil psychologique au-delà duquel le travail pourrait être plus difficile à accepter, car on travaille alors plus pour l'État que pour soi, a donné lieu, en France à la mise en place du « ***bouclier fiscal*** ».

3. Les réformes adoptées en France entre 1981 et 2010

➜ Les nouveaux impôts

De nouveaux impôts ont été créés, la plupart par des gouvernements de gauche (**IGF**, **ISF**, **CSG**), mais des sources importantes de financement, comme la TVA, ont été réduites. Et en 2010, la taxe professionnelle a été supprimée.
L'objectif des économistes qui avaient bâti le projet fiscal du Programme commun de la gauche, victorieuse aux élections de 1981 était de « Changer l'impôt pour changer la France ». L'inégalité profitant aux classes les plus aisées, il fallait « **faire payer les riches** », et dès le début l'impôt sur les grandes fortunes (IGF), fut institué par les articles 2 à 11 de la loi de finances pour 1982.
En 1988, l'Impôt Sur la Fortune (ISF), supprimé au moment de l'alternance de 1986, fut rétabli. Il est dû en juin 2010 par les personnes physiques dont le patrimoine est supérieur à 790 000 euros. **La Contribution Sociale Généralisée (CSG)** est mise en place en 1991 par le gouvernement de Michel Rocard. En 1995, après l'élection du Président de la République Jacques Chirac, Alain Juppé va créer un nouvel impôt : **la Contribution pour le Remboursement de la dette Sociale (CRDS)**.

➜ Les impôts sur le revenu

L'impôt sur le revenu des ménages (l'IR). Après le recul de la gauche aux élections municipales du 6 mars 1983, François Mitterrand apparemment devenu lui aussi un disciple d'Arthur Laffer exprima, le 15 septembre, l'idée selon laquelle « trop d'impôts tue l'impôt ». La tranche à 65 % de l'impôt sur le revenu, créée en 1982, passa à 56,8 %, au 1er janvier 1987. ***En 2010 le taux marginal de l'IR est de 40 % au-dessus de 70 000 euros environ de revenu imposable.***
Un rapport du conseil des impôts, constate que loin de les avoir réduites, l'IR a créé **de nouvelles sortes d'inégalités** : cet impôt est concentré sur un faible pourcentage de contribuables (la moitié des foyers français n'est pas imposable), alors que ***37 % de son montant est acquitté par seulement 1 % des foyers fiscaux***.

➔ Le taux de l'impôt sur le bénéfice des sociétés

Il était de 50 % entre 1958 et 1985, il n'a cessé de diminuer depuis lors :

Tableau 1.6. **Évolution du taux de l'IS**

1986	1988	1989	1990	1991	1993	2010
45,00 %	42,00 %	39,00 %	37,00 %	34,00 %	33,33 %	33,33 %

Source Direction générale du Trésor

Mais il existe aussi pour les Très Petites Entreprises (TPE), et les PME, depuis 1996 et 2001, ***un taux réduit à 15 %***, au lieu du taux normal de 33,33 % sur une fraction de leur bénéfice fiscal plafonné (en 2007) à 38 120 euros

➔ La diminution de la TVA

L'Europe libérale, qui émerge de l'Acte Unique du 18 février 1986, suscite une forte contrainte : l'harmonisation des fiscalités La baisse de la TVA est la plus onéreuse puisqu'un point de TVA équivaut à près de 4 milliards d'euros. Les réformes ont permis une diminution du nombre des principaux taux de TVA de 5 à 3 et une baisse progressive du taux majoré qui était de 33 % en septembre 1987, à 22 % en 1991. En France métropolitaine, il existe un taux normal (19,6 %), un taux réduit (5,5 %) et un taux super-réduit (2,1 %).

➔ La taxe professionnelle (TP)

Elle est un des quatre impôts directs locaux perçus par les collectivités territoriales françaises. Elle ne concerne que les entreprises. Elle a été créée en 1975 et représente 50 % des ressources fiscales des collectivités territoriales. La suppression de cette taxe figure dans la loi de finances pour 2010.

B– Des prestations sociales importantes – Des services publics dégradés

1. Les prestations sociales

Elles représentaient, en 2007, 29 % du PIB. Les trois quarts de ces prestations sont versés par les organismes de Sécurité sociale. Les comptes de la protection sociale, distinguent cinq catégories de prestations correspondant à autant de risques :

1. **Le risque « vieillesse-survie »** représente ***44,9 % des prestations en 2007,*** en raison du poids des retraites. Il inclut la prise en charge de la dépendance.
2. **Le risque « santé »** inclut la maladie, l'invalidité, les accidents du travail et les maladies professionnelles. En 2007, il représentait ***35,5 % des prestations servies.***

3. **Le risque « maternité-famille » :** inclut les indemnités journalières, l'allocation pour jeune enfant, les allocations familiales, les aides à la garde d'enfant et l'essentiel des aides au logement. ***Il représente 9,2 % des prestations ;*** (voir le chapitre 2 sur les politiques de la protection sociale, et le chapitre 5 sur la politique du logement et de la ville).
4. **Le risque « emploi » :** c'est-à-dire l'indemnisation du chômage, les aides à la réadaptation et à la réinsertion professionnelle, les préretraites, ***soit 6,2 % des prestations ;*** (voir chapitre 4 sur les politiques de l'emploi)
5. **Le risque « exclusion sociale »** pris en charge, jusqu'à la mise en place du revenu de solidarité active (RSA) le 1er juin 2009, à 80 % par le revenu minimum d'insertion (RMI), ***constitue 1,5 % des prestations.*** (voir chapitre 6)

2. La dégradation de la qualité des services publics

Le rapport *Modernisation de l'État, qualité des services publics et indicateurs* (mars 2010) montre que près de trois ans après le lancement de la révision générale des politiques publiques (RGPP), un sentiment de dégradation de la qualité de service est partagé par une majorité de Français : 57 %, selon une l'étude IPSOS et même 62 %, selon l'enquête réalisée par Opinion Way.

C– Comparaisons internationales

Le taux de recettes fiscales (TRF), le taux de prélèvements obligatoires sur les entreprises (TPOE) et la dette sont très élevés en France.

1. Un taux de recettes fiscales élevé

Avec un taux de 43,3 % en 2007, la France arrive en 4e position pour les prélèvements fiscaux, avec une différence de 4 points avec l'Allemagne (39,50 %). Ce sont les pays de l'Europe du Nord qui connaissent les taux les plus élevés.

Tableau 1.7. **Comparaison des taux de recettes fiscales dans l'UE à 27 en 2007**

Pays	Taux	Pays	Taux	Pays	Taux
1 Danemark	48,70 %	5 Italie	43,30 %	9 Hongrie	39,80 %
2 Suède	48,30 %	6 Finlande	43,00 %	10 Allemagne	39,50 %
3 Belgique	44,00 %	7 Autriche	42,10 %	11 Pays-Bas	38,90 %
4 France	43,30 %	8 Chypre	41,60 %	12 Slovénie	38,20 %

Pays	Taux	Pays	Taux	Pays	Taux
13 Espagne	37,10 %	19 Malte	34,70 %	25 Lituanie	29,90 %
14 Rép. tchèq	36,90 %	20 Bulgarie	34,20 %	26 Roumanie	29,40 %
15 Portugal	36,80 %	21 Estonie	33,10 %	27 Slovaquie	29,40 %
16 Luxemb.	36,70 %	22 Grèce	32,10 %	27 Slovaquie	29,40 %
17 Roy-Uni	36,30 %	23 Irlande	31,20 %	UE à 27	39,80 %
18 Pologne	34,80 %	24 Lettonie	30,50 %		

Source Eurostat

2. Une fiscalité des entreprises dissuasive ?

La France reste « championne » des prélèvements obligatoires, avec un taux de prélèvements obligatoires des entreprises (TPOE) de 18,8 % en 2008. À la même date, l'Allemagne a un taux de 10,7 %, soit plus de 8 points de moins.

Tableau 1.8. **Comparaison des taux de prélèvements obligatoires sur les entreprises**

Pays	TPOE	Pays	TPOE	Pays	TPOE
1 France	**18,80 %**	**Moyenne UE**	**13,10 %**	22 Roy-Uni	9,90 %
2 Rép. Tchèqu	17,10 %	12 Slovaquie	12,80 %	23 Roumanie	9,70 %
3 Suède	16,70 %	13 Portugal	12,80 %	24 Lettonie	9,50 %
4 Italie	15,00 %	14 Pays-Bas	11,80 %	25 Bulgarie	8,90 %
5 Chypre	14,80 %	15 Lituanie	11,20 %	26 Irlande	7,20 %
6 Espagne	14,30 %	16 Pologne	10,80 %	27 Danemark	5,10 %
7 Belgique	14,20 %	17 Luxemb.	10,70 %		
8 Autriche	13,80 %	18 Allemagne	10,70 %		
9 Finlande	13,50 %	19 Malte	10,60 %		
10 Hongrie	13,50 %	20 Slovénie	10,40 %		
11 Estonie	13,50 %	21 Grèce	10,30 %		

Source baromètre de l'Observatoire Européen de la fiscalité des entreprises et Eurostat

3. Une dette publique très importante

La dette publique de la France a considérablement augmenté depuis le milieu des années 1970 ***pour atteindre près de 83 % du PIB en 2010.***

Tableau 1.9. **Dette publique (en % du PIB) dans quelques pays européens en 2009**

1 Italie	115,80 %	10 Autriche	66,50 %
2 Grèce	115,10 %	11 Irlande	64,00 %
3 Belgique	96,70 %	12 Pays-Bas	60,90 %
4 Hongrie	78,90 %	....	....
5 France	**77,60 %**	23 Lituanie	29,30 %
6 Portugal	76,80 %	24 Roumanie	23,70 %
7 Allemagne	73,20 %	25 Bulgarie	14,80 %
8 Malte	69,10 %	26 Luxembourg	14,50 %
9 Royaume-Uni	68,10 %	27 Estonie	7,20 %

Source Eurostat

Conclusion du chapitre

Les politiques sociales en France sont très développées comme l'indiquent le taux de prélèvements obligatoires et les dépenses publiques. Ces prélèvements qui figurent parmi les plus élevés du monde servent notamment à financer les politiques sociales. Ces politiques sociales concernent de multiples domaines : la protection sociale, l'éducation, l'emploi, le logement, la lutte contre la pauvreté et la prise en charge de groupes spécifiques : les femmes, les enfants, les handicapés, les immigrés. Elles ont tendance à croître, de manière quantitative. Elles sont cependant financées à crédit, avec un endettement élevé et pèsent lourdement sur les entreprises. Rapportée au PIB la dette publique a pratiquement quadruplé en 30 ans (20,7 % en 1980). Elle est une des plus élevée en Europe.

2 chapitre

Les politiques de la protection sociale

Le système de Sécurité sociale comprend plus de 120 régimes qui se répartissent en quatre grands blocs, en fonction des catégories socioprofessionnelles : le régime général (le plus important en nombre) pour les salariés du secteur privé, le régime agricole, les régimes des professions indépendantes, et les régimes spéciaux pour les salariés du secteur public. À travers ces régimes de base, la Sécurité sociale assure la protection de l'individu contre certains risques liés à la vieillesse, à la maladie, à la famille.
Le risque lié à la perte de l'emploi ne fait pas partie, en France, de la Sécurité sociale. Aux divers régimes de la Sécurité sociale s'ajoutent, pour former la protection sociale, le système d'indemnisation du chômage, les régimes complémentaires de retraites, les mutuelles, l'aide sociale, ainsi que le dispositif du RMI-(RSA). (Gilles **Huteau**, *Sécurité sociale et politiques sociales,* Armand Colin, 2008). Dans un contexte marqué par le vieillissement démographique, le chômage et la mondialisation, l'extension de la protection sociale rend plus difficile son financement.

I. Les problèmes de financement

A– La Sécurité sociale

En 2010, les dépenses de tous les régimes de base s'élèvent à 435,9 milliards d'euros, dont 408 milliards sont des prestations (93,6 %), le reste (environ 6 %) est consacré à des charges financières ou de gestion courante. Les recettes, dont 67 % de cotisations, n'étant que de 403,7 milliards, ***le déficit est de 32 milliards d'euros***. Le déficit du régime général est de 30,5 milliards d'euros (14,5 pour la maladie, 10,7 pour les retraites, 4,4 pour la famille et 0,8 pour la branche AT/MP). De nouvelles prévisions (juin 2010) chiffrent ***le déficit à venir à 26,8 milliards d'euros***.

Tableau 2.1. **Évolution des recettes et des dépenses de la Sécurité Sociale (tous régimes de base) entre 2008 et 2010**

		2008	2009	2010
Régime général	Recettes	293,1	291,2	288,1
	Dépenses	303,3	314,16	318,6
	Solde	-10,2	-23,4	-30,5
Tous régimes de base	Recettes	404,2	403,8	403,7
	Dépenses	414	428,4	435,9
	Solde	-9,8	-24,6	-32,2

Source Loi de Financement de la Sécurité Sociale (LFSS) pour 2010

Les dépenses des régimes de base en 2010 sont consacrées à financer 4 risques : maladie (41 %), vieillesse (44 %), AT/MP : Accidents du Travail/Maladies Professionnelles (3 %) et 12 % à la famille.

1. La couverture du risque maladie

Elle assure le remboursement de soins et de médicaments, une partie des soins hospitaliers, et le versement d'indemnités journalières, pour remédier à la perte de revenu professionnel de l'assuré malade ou accidenté.

Depuis 1996, l'Objectif National des Dépenses de l'Assurance Maladie **(ONDAM)** est voté par le parlement pour l'année à venir, dans le cadre de la loi de financement de la Sécurité sociale. L'ONDAM est réparti entre trois grandes catégories de dépenses : Soins de ville, Hôpital, Médico-social. Les dépenses d'assurance-maladie sont plus importantes que les prestations sociales reçues par les ménages. En 2010, la loi de financement de la sécurité sociale (LFSS) ***prévoit un déficit de 14,5 milliards d'euros***.

2. Le risque vieillesse

Avec 195 milliards d'euros de dépenses, ***la branche vieillesse représente 44 % de l'ensemble des prestations.*** Le système par répartition recueille les cotisations des actifs (salariés et non-salariés) et des entreprises, au profit des retraités selon les droits qu'ils ont acquis au temps de leur activité. Les pensions de réversion sont versées au conjoint survivant.

Le régime français n'est pas uniforme puisqu'il existe 3 grands types de régimes de base : **le régime général** auquel cotisent 71 % des actifs ; **des régimes spéciaux** auxquels cotisent 19 % des actifs (fonctionnaires, agents des collectivités locales, de la

SNCF, des mines, etc..) ; **des régimes autonomes** pour les professions non salariées : 10 % des cotisants. Les régimes de base sont ***complétés par des régimes complémentaires de retraite*** souvent obligatoires.
La situation des régimes de retraite est déficitaire (12,6 milliards d'euros en 2010) et plusieurs réformes sont intervenues (1995, 2003, 2008, 2010). Le Conseil d'Orientation des Retraites (COR) a établi de nouvelles projections financières plus alarmistes. ***En 2010, le déficit des régimes de retraite, en intégrant la Fonction publique, serait de 32 Mds d'€,*** soit 1,6 % du PIB, à cause de la crise. Avant la réforme de 2010 visant à faire passer l'âge légal à 62 ans, deux scénarios étaient envisagés : avec un chômage de 4,5 % à compter de 2024, le déficit passerait à 70 milliards d'€ (Mds) en 2030 et à 102 Mds d'€ en 2050. Si le chômage était plus élevé, 7 %, le déficit serait de 80 Mds d'€ en 2030 et 114 Mds d'€ en 2050.

3. Le risque accidents du travail/maladies professionnelles (AT/MP)

Près de 1,5 million d'accidents du travail sont indemnisés chaque année. Environ la moitié sont suivis d'un arrêt de travail. Les secteurs les plus exposés sont : le bâtiment, l'industrie du bois, du papier et du textile et le secteur de l'alimentation. Le nombre de personnes concernées par les maladies professionnelles reconnues s'accroît depuis 2006 : 43 544 en 2007, soit 8 millions de journées de travail perdues pour un coût de 1,9 milliard d'euros, mais selon le rapport DIRICQ (juin 2005), ces chiffres sont sous-estimés, 100 000 accidents du travail ne seraient pas comptabilisés. Le coût des accidents du travail et des maladies professionnelles (LFSS pour 2010) serait de 11,4 milliards pour l'ensemble des régimes de base et ***le déficit de cette branche de 800 millions d'euros.***

4. Le risque famille

Les caisses d'allocation familiales versent, selon l'article L.512-1 du Code de la Sécurité sociale des prestations familiales à toute personne française ou étrangère résidant en France, ayant à sa charge jusqu'à l'âge de 20 ans un ou plusieurs enfants. Cette branche a vu son rôle s'étendre ; jusqu'en 1970, il existait sept prestations familiales : allocations familiales, allocation de salaire unique, allocations prénatales et allocation de maternité (1946), allocation de logement (loi de 1948), allocation de la mère au foyer (loi de 1955) et allocation d'éducation spéciale (loi de 1963).
Actuellement il existe une quinzaine de prestations. Les caisses se sont vues confier la gestion de prestations qui ne relèvent pas spécifiquement de la sphère familiale comme **l'allocation aux adultes handicapées (AAH) et le RMI.**

Les prestations familiales représentent un pourcentage d'une base mensuelle de calcul (BMAF) fixée par décret. La BMAF s'élevait en 2010, à 389,20 euros. **On peut distinguer trois sortes de prestations familiales.**

→ Les prestations générales d'entretien

Tableau 2.2. **Les 4 prestations générales d'entretien au 1er janvier 2010**

1. **Les allocations familiales** sont dues à partir du deuxième enfant. Le montant représente pour deux enfants, 32 % de la base de calcul (124,54 €), 41 % de cette même base par enfant supplémentaire, soit 159,57 euros par mois, auxquelles s'ajoutent des majorations de 9 et de 16 %.
2. **L'allocation forfaitaire** est servie aux familles ayant trois enfants à charge (et +) et dont un enfant atteint l'âge de 20 ans. Le forfait est versé pendant un an, et il représente 20,234 % de la BMAF, soit 78,75 euros.
3. **Le complément familial** est attribué, sous condition de ressources, aux familles d'au moins trois enfants, âgés de trois ans et plus et de moins de 21 ans. Le montant est fixé à 41,65 % de la BMAF, soit 162,10 euros.
4. **L'allocation de soutien familial.** Elle est égale (sans condition de ressources) à 30 % de la BMAF, lorsque l'enfant est orphelin de père ou de mère, ou dans une situation assimilée (87,57 euros)

→ Les prestations d'entretien et d'accueil liées à la petite enfance : la PAJE

Tableau 2.3. **Les quatre composantes de la PAJE**

La Prestation d'Accueil du Jeune Enfant (PAJE) est une prestation qui s'applique aux nouvelles naissances à compter du 1er janvier 2004. Elle **se compose de 4 prestations :**
1. **La prime à la naissance ou à l'adoption** est versée sous condition de ressources (44 576 euros pour une personne isolée). La prime est égale à 229,75 % de la BMAF (894,19 euros) pour la prime de naissance et à 459,50 % de la BMAF (1 788,37 euros) pour la prime d'adoption.
2. **L'allocation de base** est servie pendant trois ans à compter de l'arrivée de l'enfant ; elle est égale à 45,95 % de la BMAF soit 178,84 euros.
3. **Le complément de libre choix d'activité (CLCA) et le Complément optionnel de libre choix d'activité (COLCA)** ; cette allocation permet au parent de suspendre son activité ou de la réduire afin de s'occuper de son enfant, et peut être versée en complément de l'allocation de base.

Le montant du CLCA majoré à taux plein (cessation complète d'activité) est fixé à 554,88 euros. Le montant du COLCA est plus élevé, mais sa durée de versement est plus courte. Le montant du COLCA majoré est égal à 789,54 euros.
4. **Le complément de libre choix du mode de garde** consiste dans la prise en charge partielle de la rémunération du salarié qui assure la garde d'un enfant de moins de six ans.

→ Les prestations à affectation spéciale

Tableau 2.4. **Les 5 prestations à affectation spéciale**

1. **L'allocation d'éducation de l'enfant handicapé** est servie sans condition de ressource, pour tout enfant âgé de moins de vingt ans, atteint d'une incapacité permanente d'un taux au moins égal à 80 %. Le montant de l'allocation est de 124,54 euros par mois, avec des compléments qui varient de 24 % de la BMAF à 1 029,10 euros en fonction du handicap.
2. **L'allocation de rentrée scolaire** est servie sous condition de ressource, pour les enfants de 6 à 18 ans, scolarisés. Le montant annuel varie entre 282,17 euros pour un enfant de 6 à 10 ans à 308,05 euros pour un enfant de plus de 15 ans.
3. **L'allocation journalière de présence parentale** est attribuée depuis le 1er juillet 2006 à toute personne qui à la charge d'un enfant âgé de moins de 20 ans atteint d'une maladie ou d'un handicap. L'allocataire bénéficie d'un crédit de 310 jours à prendre sur 3 ans, et le montant de l'allocation journalière est fixé à 49,16 euros s'il s'agit d'un parent isolé.
4. **L'allocation de logement familiale** est destinée à couvrir en partie les charges de logement, et elle est subordonnée aux caractéristiques du logement.
5. **La prime de déménagement** est attribuée sous condition de ressources, et s'élève au maximum à 934,08 euros pour trois enfants, plus 77,84 euros par enfant supplémentaire au-delà de trois.

Source site internet de la Sécurité sociale

B– Les autres composantes de la protection sociale

Il s'agit principalement de l'assurance-chômage, des régimes complémentaires de retraite, de l'aide sociale et de la mutualité.

1. L'assurance chômage

Deux régimes. Le système français de protection sociale contre la privation involontaire d'emploi, créé fin 1958, est partagé depuis avril 1984 entre deux régimes : **le régime**

d'assurance chômage, financé par les contributions des employeurs et des salariés, indemnise les personnes involontairement privées d'emploi qui ont travaillé et cotisé.
Le régime de solidarité est financé par le budget de l'État. Les allocations de solidarité, d'un montant forfaitaire, sont attribuées selon des règles déterminées par les pouvoirs publics. Ce régime est géré, pour le compte de l'État, par l'assurance chômage.
La montée du chômage et des déficits. À sa création, l'UNEDIC n'indemnise que 24 000 chômeurs. Il y a au premier trimestre 2010, 2,7 millions de chômeurs. L'année 2009 est marquée par la plus forte récession depuis l'après-guerre et par 565 400 demandeurs d'emplois supplémentaires, dont 338 000 indemnisés supplémentaires. Le régime d'assurance chômage ***devrait accuser un déficit cumulé dépassant 10 milliards d'euros fin 2010.*** Il devrait approcher 14 milliards fin 2011, en tenant compte du coût des récentes mesures décidées pour indemniser plus de 300 000 chômeurs arrivant en fin de droits en 2010.

2. Les régimes complémentaires de retraite

Les régimes complémentaires de retraite ont été rendus obligatoires par **la loi du 29 décembre 1972**.
L'AGIRC (l'Association Générale des Institutions de Retraite des Cadres) gère les retraites des cadres. Les salariés non-cadres avaient obtenu en 1961 leur protection complémentaire, gérée par l'Association des Régimes de Retraites complémentaires (**l'ARCCO**) en 1961. Cependant tous les salariés non-cadres ne bénéficiaient pas encore d'une retraite complémentaire ; la généralisation est intervenue avec la loi du 29 décembre 1972. Les régimes des professions non salariées étaient gérés par L'ORGANIC (Organisation Autonome Nationale de l'Industrie et du Commerce) et la CANCAVA (Caisse Autonome de Compensation de l'Assurance Vieillesse Artisanale). Avec la réforme des retraites de 2003, à partir de 2006 le régime d'assurance maladie des professions indépendantes, le régime d'assurance vieillesse des artisans (AVA) et le régime vieillesse des commerçants (ORGANIC) ont fusionné pour devenir le Régime Social des Indépendants (RSI). Les exploitants agricoles sont gérés par la Mutualité sociale agricole (MSA).
L'Ircantec gère les Retraites Complémentaires des Agents Non Titulaires de l'État et des Collectivités publiques. ***Ces régimes sont également concernés par la crise.*** En 2011, les déficits de l'AGIRC et de l'ARRCO atteignaient 3,7 milliards d'euros.

3. L'aide sociale et le rôle des départements

Depuis les lois de décentralisation de 1982, ***les départements ont un rôle de « bouclier social » de proximité.*** Les dépenses consacrées aux familles, aux personnes âgées, et aux handicapés représentent 60 % de leurs charges de gestion et leur occasionnent des difficultés de financement importantes. Les fonds de l'aide sociale, consacrés par l'État et les départements aux personnes nécessiteuses, se trouvent répartis en plusieurs formes d'aides :

Le CCAS (Centre Communal d'Action Sociale), dont le conseil d'administration est présidé par le maire, peut attribuer des prestations sociales facultatives aux familles les plus démunies.

Les conseils généraux disposent d'une compétence pour l'attribution de prestations dans six domaines : l'**aide sociale à l'enfance** (ex : placement d'enfants sur décision du juge) ; l'**aide sociale aux personnes âgées** (ex : attribution de l'APA, prise en charge des frais d'hébergement en maison de retraite) ; l'**aide sociale aux familles** (ex : aides au logement) ; l'**aide sociale aux personnes handicapées** : les conseils généraux ont la responsabilité des maisons départementales du handicap depuis la loi de 2005 ; l'**insertion** et le **RSA ;** la **protection maternelle et infantile.**

Selon l'enquête annuelle de l'Observatoire national de l'action sociale décentralisée (ODAS) de juin 2010, ***le coût de l'aide sociale des départements s'élève à 21,5 milliards d'euros et ne cesse de progresser.*** La protection de l'enfance, la dépendance des personnes âgées et l'aide aux handicapés coûtent 9,6 milliards, et ont augmenté de 3,6 milliards entre 2001 et 2009. La mise en place du RSA a provoqué une hausse de 310 millions d'euros. Avec l'application de la loi de 2005 sur le handicap, les dépenses des prestations et des mesures d'accompagnement de l'ordre de 4,63 milliards progressent de 9 %.

4. La mutualité

➜ Mission et fonctionnement des mutuelles

Financées principalement par les cotisations de leurs adhérents, ***elles constituent historiquement la première forme de protection sociale*** contre le risque maladie.

Elles consacrent 90 % de leurs ressources au financement de la couverture maladie complémentaire de leurs adhérents et le reste (10 %) à des activités de prévoyance.

Le nombre d'adhérents des mutuelles. La Fédération nationale de la mutualité française (FNMF) regroupe aujourd'hui la quasi-totalité des mutuelles de santé existant en France. Elle a été créée en 1902 et représente aujourd'hui 38 millions de personnes adhérentes. Elle a un rôle de représentation du mouvement mutualiste auprès des institutionnels et gère aussi 2000 centres de soins et cliniques (les Services de soins et d'accompagnement mutualistes). Certaines mutuelles de fonctionnaires ont des effectifs très lourds. La Mutuelle Générale de l'Éducation Nationale (MGEN) regroupe près de 2,5 millions d'adhérents.

Le mode de fonctionnement est de type démocratique. Le code de la mutualité s'est modernisé à plusieurs reprises, notamment en 1985 par une meilleure

représentation des sociétaires, et en 1989 par la loi Évin en faveur des salariés des entreprises publiques ou privées. Afin de se mettre en conformité avec les directives européennes, ***un nouveau code de la mutualité est adopté en 2002.***
Celui-ci impose des règles de sécurité financière plus draconiennes. Il oblige les mutuelles à séparer les activités sociales (Cliniques, pharmacie, optique, dentaire, etc.) des activités de prévoyance et de maladie.

➜ Les propositions mutualistes

La fixation d'enveloppes globales pour l'assurance-maladie, mécanismes d'évaluation des soins, etc. issues de la « Charte pour une protection sociale de l'an 2000 » (1994) a été reprise par tous les gouvernements successifs. En 2004, lors des débats sur la réforme de la Sécurité sociale, la Mutualité française a proposé 25 pistes de réforme. Certaines ont inspiré la loi du 9 août 2004 sur l'assurance maladie mais globalement la Mutualité est critique vis-à-vis de l'application de cette loi.
En 2006, le congrès de la ***FNMF se prononce pour la création d'un parcours de santé mutualiste,*** qui a pris le nom définitif de ***Priorité Santé Mutualiste*** en septembre 2007. Celui-ci vise à pallier les incohérences et la complexité introduites par la réforme de l'assurance maladie. En 2009, le chiffre d'affaires des complémentaires santé (mutuelles et assurances privées) a été taxé afin d'apporter « un milliard d'euros environ » à l'assurance maladie. En contrepartie, les complémentaires santé vont être « associées » à la « gestion » de la sécurité sociale.

II. Les causes du déficit structurel des comptes

Elles sont démographiques et économiques.

A– Le vieillissement de la population

On assiste à un allongement de l'espérance de vie à la naissance, à des rapports actifs/inactifs de plus en plus défavorables et à une augmentation du nombre de personnes âgées et très âgées.

Au milieu du XVIIe siècle, la moitié des enfants mourraient avant l'âge de 10 ans et l'espérance de vie ne dépassait pas 25 ans. ***En 2010 l'espérance de vie moyenne dépasse les 80 ans, elle a triplé.***
En 29 ans, de 1980 à 2009, l'espérance de vie des hommes est passée de 70 à 77,8 ans (+ 7,8 ans), et celle des femmes de 78,4 à 84,5 ans (+ 6,1 ans).
À l'horizon 2015 en France métropolitaine, la population active atteindrait 28,3 millions. Entre 2015 et 2050, elle se maintiendrait entre 28,2 et 28,5 millions de

personnes. De 2015 à 2050, le taux d'activité des 15-64 ans serait en légère hausse. Proche de 69 % en 2005, il gagnerait 1,5 point d'ici 2050. Parallèlement, le ratio de dépendance (inactifs de 60 ans ou plus/actifs) continuerait d'augmenter du fait de la forte croissance à venir de la population âgée. ***Alors qu'il y avait 2,2 actifs pour un inactif de 60 ans ou plus en 2005, on en compterait 1,4 en 2050.***
Selon l'INSEE au 1er janvier 2050, la France métropolitaine compterait 70,0 millions d'habitants. ***En 2050, un habitant sur trois serait âgé de 60 ans ou plus, contre un sur cinq en 2005.*** La part des jeunes diminuerait, ainsi que celle des personnes d'âge actif. Aujourd'hui 3 millions de personnes sont âgées de 80 ans et plus, les femmes sont deux fois plus nombreuses que les hommes (2 millions contre 985 000). Depuis 1960, le nombre d'octogénaires a plus que triplé et devrait encore être multiplié par 2,4 à l'horizon 2050. ***À cette date, 7,3 millions de personnes (soit 10,5 % de la population) auront 80 ans et plus.*** Au 1er janvier 2008, il y avait 1, 3 millions de personnes âgées de plus de 85 ans. ***En 2015, elles seront plus de 2 millions.*** Le nombre des personnes présentant de forts handicaps devrait passer de 660 000 en 2005 à 940 000 en 2025.

B– Démographie médicale et honoraires

1. Une forte progression du nombre de praticiens

Depuis 1955 le nombre des praticiens a été multiplié par 5. Cette augmentation s'est accompagnée d'un mouvement de spécialisation, plus onéreux pour les patients, car la médecine spécialisée coûte plus cher.

Tableau 2.5. **Effectifs de quelques professions de santé en 1975, 1995 et 2009 d'après le ministère des Affaires sociales, de la Santé et de la Ville.**

	1975	1995	2009	Variation
Médecins	77 413	169 554	209 143	X par 2,7
Chirurgiens-dentistes	25 069	39 714	41 116	X par 1,6
Infirmiers diplômés d'État	124 231	281 764	495 834	X par 3,9
Masseurs kinésithérapeutes	28 076	45 783	66 919	X par 2,4

Source SESI 1997, et INSEE

2. Honoraires et tarifs

Gérard **Mermet**, (*Francoscopie 2010*, Larousse, 2009) pointe « Les dérives du système » : Les honoraires des médecins ont beaucoup progressé, notamment dans le secteur 2 (25 % des médecins, 40 % des spécialistes). Les dépassements d'honoraire se sont accrus de 70 % entre 1993 et 2004 ; ils représentent 47 % des dépenses en secteur 2, contre 29 % il y a dix ans.

Les complémentaires santé ont augmenté leurs tarifs de 31 % depuis 2001. Les tarifs pratiqués par certains chirurgiens sont parfois supérieurs à 15 fois le tarif de la Sécurité sociale. Le manque de transparence du système de santé, les revenus des laboratoires d'analyse qui ont progressé de 68 %, en cinq ans, ainsi que le prix des médicaments sont également signalés.

C– La montée du chômage

Il y avait près de 2,7 millions de bénéficiaires du régime d'assurance en 2010, soit près de 20 fois plus qu'au début de la crise.

Tableau 2.6. **Évolution des bénéficiaires du régime d'assurance chômage**

1973	1980	1991	1997	2010
141 956	996 019	1 477 535	1 915 800	2 703 000

Source d'après Unedic

D– Le « dumping social »

Le coût de la protection sociale est pris en compte dans le coût salarial et peut expliquer les délocalisations, pour cause de « dumping social ». Pour Eurostat, dans l'UE27, en 2008, la plus grande part des dépenses publiques a été consacrée à la protection sociale (18,2 % du PIB). Cette part varie de 9,4 % du PIB en Lettonie, 9,8 % en Slovaquie et 9,9 % à Chypre, à 22,4 % au Danemark, ***21,8 % en France*** et 21,5 % à la Suède.

III. Les réformes depuis le début des années 1980

Les mesures prises visent à réguler le système, en réduisant les dépenses et en augmentant les recettes.

A– La réduction des dépenses

1. Les aménagements du régime des retraites

1991. Le « *Livre blanc sur les retraites. Garantir dans l'équité les retraites de demain* »

Préfacé par le premier ministre socialiste de l'époque, Michel Rocard, il constitue la feuille de route des transformations ultérieures. Il constate la dégradation continue du rapport actifs/inactifs et fait trois recommandations :

- **Indexer les pensions sur les prix,** et non sur les salaires ;
- **Accroître le nombre d'années prises en compte dans le calcul du salaire de référence** qui passerait de 10 à à 25 ;
- **Augmenter la durée d'assurance requise pour avoir droit à une retraite à taux plein** avant l'âge de 65 ans. Le rapport envisage d'augmenter la durée d'assurance alors en vigueur (37,5 années) à 42 années.

Le livre blanc est favorable à la retraite à 60 ans. Relever la durée d'assurance sans relever l'âge minimum de la retraite contribuerait à réparer une injustice en améliorant la « proportionnalité entre le montant de la pension et la durée d'assurance ». En effet, les plus hauts revenus, qui sont généralement perçus par ceux qui ont fait les études les plus longues, verraient le montant de leur pension de retraite baisser considérablement. En arrêtant leur activité à 60 ans ils n'auraient pas cotisé suffisamment longtemps pour avoir droit à une retraite complète.

→ 1993. La triple régression des retraites du régime général

Pour Lucy **ApRoberts** : « Les recommandations du Livre blanc concernant le régime général ont été mises en œuvre par la ***loi « Balladur » du 22 juillet 1993*** » (*Retraites : le rendez-vous de 2008,* La Documentation française, 2008). Il a été décidé que les retraites seraient désormais plus tardives, moins élevées, et plus rarement à taux plein.
La durée de cotisation passera progressivement à 40 années (au lieu de 37,5 ans). Au 1er janvier 2003, 160 trimestres d'activité seront nécessaires pour obtenir une pension au taux plein de 50 %. Le passage de 150 à 160 trimestres se fera sur dix ans, à raison d'un trimestre par an à compter du 1er janvier 1994.

Les retraites versées seront moins élevées car désormais calculées sur les 25 meilleures années, au lieu des 10 meilleures.
Les pensions en cours de paiement, ainsi que les salaires pris en compte pour le calcul du salaire de référence ***ont été indexés sur les prix.*** Ces changements progressifs n'entreront pleinement en vigueur qu'à partir du 1er janvier 2008.

→ 1995. Le plan Juppé : les régimes spéciaux « en ligne de mire »

Les mouvements de grève de novembre et décembre 1995 de « défense des acquis sociaux » entraînent la suspension des mesures relatives à l'extension aux régimes publics des mesures décidées en 1993 pour les retraites de base du secteur privé. Le reste du plan concernant la Sécurité sociale est adopté : hausse de la CSG, création de la CRDS, fixation d'un objectif quantifié d'augmentation des dépenses d'assurance-maladie et le gel des prestations familiales.

La réforme des régimes spéciaux est abandonnée. Le régime de la SNCF est particulièrement déficitaire. La retraite peut être prise à 50 ans pour les cheminots roulants, à 55 ans pour les autres salariés de la SNCF. D'après le rapport du 8 juillet 2004 de la « mission parlementaire d'évaluation » : « *la dette globale du système ferroviaire n'a pas cessé de croître depuis 1997 passant de 35,45 milliards d'euros à 41,42 milliards d'euros courant au 31 décembre 2002* ».

→ 1999. Le rapport Charpin

Le rapport de Jean-Michel **Charpin**. (*L'avenir de nos retraites.* La Documentation française, 2e trimestre 1999) fait apparaître un triplement des dépenses de retraite dans les 40 ans à venir. L'État aurait un surcroît de dépenses de 263 milliards de francs en 2040 (40 milliards d'euros), pour honorer ses engagements vis-à-vis des fonctionnaires. L'Agirc (retraite complémentaire des cadres) devra combler un déficit de 31,5 milliards de francs (4,8 milliards d'euros).
Quatre pistes de réflexion sont avancées : ***allongement de la durée de cotisation (jusqu'à 42,5 ans) ; renforcement*** jusqu'à 10 % du PIB ***du fonds de réserve*** pour les retraites ; ***indexation des pensions de retraite sur les prix*** et non sur une base hors inflation, ***et pas d'élargissement de l'assiette des cotisations vieillesse.*** La mise en œuvre de ce plan conduirait, pour les fonctionnaires, à un allongement de leur vie professionnelle de cinq ans, à une diminution de leurs pensions de retraite (qui pourrait aller jusqu'à 30 %). Le nouveau système conduirait à un développement des retraites par capitalisation, alimentées par des fonds de pension.

→ 2003. La loi « Fillon » et les régimes du secteur public. La loi du 21 août 2003 introduit de nouveaux changements :

L'alignement de la durée de cotisation des agents de la Fonction publique sur les salariés du privé (soit 40 annuités) entre 2004 et 2008, puis passage progressif à 41 ans pour tous les salariés en 2012. Auparavant, la pension maximum égale à 75 % du salaire de fin de carrière était atteinte avec 37,5 années de service ; la durée de service requise pour une pension équivalente à 75 % du salaire de fin de carrière a été portée à 40 années par la loi Fillon réduisant le taux d'annuité de 2 % à 1,875 %.
L'indexation des pensions sur les prix (et non plus sur les traitements des actifs) ;
La mise en place de deux nouveaux dispositifs d'épargne retraite facultatifs : un contrat individuel, le PERP (Plan d'épargne retraite populaire), et un contrat collectif, en entreprise, le PERCO (Plan d'épargne retraite collectif).
La loi de 2003 a abaissé le taux de décote de manière significative, 5 % au lieu de 10 % par année manquante, et elle a introduit une surcote pour les assurés qui diffèrent leur départ en retraite alors qu'ils ont atteint le taux plein.

➜ 2007-2008. La réforme des régimes spéciaux

Engagée à l'automne 2007, cette réforme vise à harmoniser progressivement les principaux régimes avec ceux applicables à la fonction publique Elle devait concerner 6 régimes dont 4 régimes propres à un établissement public de l'État (SNCF, RATP, opéra de Paris et Comédie française).

La durée d'assurance nécessaire pour obtenir une retraite complète est progressivement portée de 37,5 ans à 40 ans, au rythme d'un trimestre par semestre entre le 1er juillet 2008 et le 1er décembre 2012.

La durée de cotisation nécessaire à l'obtention d'un pourcentage maximum de la pension augmente après 2012, d'un trimestre au 1er juillet de chaque année, et la durée de 164 trimestres devrait donc être atteinte en 2016 dans ces régimes spéciaux.

En ce qui concerne **la décote** : « Là aussi, la progressivité est de règle : ainsi, au 1er juillet 2010, la décote s'annule un an après l'âge d'ouverture des droits et l'âge de référence cible n'est atteint qu'au 1er juillet 2024. » (Franck Le Morvan), *La réforme des régimes spéciaux de retraite*, La Documentation française, 2008).

➜ La réforme É. Woerth. En 2010 l'âge légal de la retraite a été porté à 62 ans

À partir de 2018, l'âge de départ à la retraite sera de 62 ans. Les conséquences de la réforme de 2010 consistent à allonger de 4 mois par an la durée de cotisation.

Avant la réforme, un salarié né le 1er juillet 1951, pouvait prétendre prendre sa retraite, à 60 ans, le 1er juillet 2011 ; après la réforme, ce salarié devra décaler son départ de 4 mois, et pourra partir le 1er novembre 2011. Un salarié né le 1er janvier 1956, qui pouvait partir, à 60 ans le 1er janvier 2016 devra attendre pour partir le 1er janvier 2018.

Tableau 2.7. **Les conséquences de la réforme de 2010 sur l'âge de départ**

DATE DE NAISSANCE	AVANT LA RÉFORME		APRÈS LA RÉFORME		DÉCALAGE DE L'ÂGE DE DÉPART
	ÂGE DE DÉPART	DATE DE DÉPART	ÂGE DE DÉPART	DATE DE DÉPART	
1er juil. 1951	60 ans	1er juil. 2011	60 ans et 4 mois	1er nov. 2011	4 mois
1er janv. 1952	60 ans	1er janv. 2012	60 ans et 8 mois	1er sept. 2012	8 mois
1er janv. 1953	60 ans	1er janv. 2013	61 ans	1er janv. 2014	12 mois
1er janv. 1954	60 ans	1er janv. 2014	61 ans et 4 mois	1er janv. 2015	16 mois
1er janv. 1955	60 ans	1er janv. 2015	61 ans et 8 mois	1er sept. 2016	20 mois
1er janv. 1956	60 ans	1er janv. 2016	62 ans	1er janv. 2018	24 mois
Générations suivantes	60 ans		62 ans		24 mois

Source *Le monde*

2. La maîtrise des dépenses de santé

La croissance des dépenses de santé est, en France, une des plus élevée du monde, la part de celles-ci dans le PIB dépassant les 11 % depuis 2007.

➜ Le contrôle des prix et de la demande de soins

À partir de 1975 des plans de sauvetage de la sécurité sociale sont mis en place : « Chacun de ces plans a la même structure : ils visent à «responsabiliser» les assurés en augmentant les tickets modérateurs (et donc baisser le niveau des remboursements) et à augmenter les ressources (hausse des taxes affectées comme les taxes sur les tabacs et sur l'alcool, et surtout hausse des cotisations sociales payées par les salariés » (Bruno **Palier**, *La réforme des systèmes des santé*, PUF, 2010).

Le ticket modérateur consiste à laisser à la charge des assurés un pourcentage variable de ses dépenses de santé (entre 30 et 40 % dans le régime général). Cependant un certain nombre d'exonérations, et la protection complémentaire maladie (mutuelles, assurances privées, institutions de prévoyance) qui concerne 85 % de la population, en atténuent la portée.

Le forfait hospitalier a été institué en 1983 (20 francs, environ 3 euros). Cette contribution du malade aux frais de séjour hospitalier, s'élève à 18 euros en 2010.
L'ordonnance du 24 avril 1996 a instauré **un carnet de santé**, pour éviter le nomadisme médical, assouplissant les règles mises en place en octobre 1993, qui prévoyaient qu'en outre le médecin tienne un dossier de suivi médical.
Les conventions médecins généralistes de 1997 et 1998 ont créé le « **médecin référent** », qui deviendra en 2004 le médecin traitant. Le nouveau carnet de santé, généralisé à tous les bénéficiaires de l'assurance maladie, sera porté sur le volet médical de la carte électronique Vitale, attribuée à chaque assuré social.

→ Le contrôle de l'offre de soins

Les dépenses consacrées à l'hospitalisation. Dans la décennie 1990, la politique de restructuration hospitalière vise à réduire le nombre de lits (-16 %) au profit d'un plus grand hébergement des personnes âgées dépendantes. À partir de 1991, les professions libérales de santé sont invitées à négocier des conventions permettant une « maîtrise médicalisée des dépenses ». En 1995, les mesures portant sur l'assurance-vie vont être mises en place entre 1995 et 1998.
Fin 2002, le plan hôpital 2007 change le mode de financement des hôpitaux afin de mettre en place un financement fondé sur l'activité, dit « tarification à l'activité » pour les soins de médecine, chirurgie, obstétrique (MCO) dans les hôpitaux publics et privés.
Les dépenses consacrées aux soins de ville. Selon le rapport Béraud de 1992, le montant des abus et gaspillages s'élèverait à 120 milliards de francs dont 60 seraient récupérables, grâce à un renforcement des moyens de contrôle et d'évaluation. ***La convention d'octobre 1993 institue les références médicales opposables (RMO),*** qui permettent de définir les fréquences d'utilisation par patient de certains soins.
Depuis 1991, la conclusion d'accords de maîtrise avec certains secteurs de l'offre de soins a abouti à la mise en place d'enveloppes globales de dépenses (infirmières en 1993, masseurs kinésithérapeutes en 1994). Les départs anticipés des médecins à la retraite sont favorisés. L'ordonnance du 24 avril 1996 renforce la contrainte économique qui pèse sur les praticiens. Ces dispositifs d'encadrement financier sont articulés autour de la fixation d'un ***objectif quantifié national (OQN)*** des dépenses d'assurance maladie, fixé par le Parlement. Chacun des trois grands secteurs se voit attribuer des ressources financières (une enveloppe).
Le Conseil constitutionnel a invalidé les articles 26 et 27 de la loi de financement de la Sécurité sociale pour 1999, qui imposaient aux médecins le paiement d'une contribution en cas de non-respect de l'objectif des dépenses médicales. En 2003, le tarif de la consultation d'un médecin généraliste passe à 20 euros. Il est de 22 euros en 2010, et passera à 23 euros en 2011.

➔ La restructuration du système de santé

Les dépenses du secteur médico-social. L'ordonnance de 1996, tente de restructurer le système de soins, en instituant (à l'instar de pays étrangers comme le Royaume-Uni, le Danemark, ou l'Espagne) le rôle central du médecin, chargé d'orienter son patient vers le spécialiste ou l'hôpital. Deux dispositifs nouveaux sont instaurés à, titre expérimental : **les filières de soins** qui confient aux généralistes le suivi médical des patients, **les réseaux de soins** qui permettent la prise en charge des pathologies lourdes ou chroniques.

Le 13 août 2004, la loi Douste-Blazy est votée. Elle comporte 3 volets :
Des mesures de financement de l'assurance-maladie : hausse des recettes, des taxes sur le tabac, du forfait hospitalier qui passe de 10,60 euros à 13 euros et des baisses de prises en charge de certains médicaments et une redéfinition de la prise en charge à 100 % des soins concernant les affections de longue durée (ALD).
La réorganisation du système de soins avec le développement du médecin traitant et du dossier médical.
Une nouvelle attribution des responsabilités, avec des pouvoirs concentrés aux mains du directeur de l'assurance-maladie. Il est prévu de renforcer le niveau régional de gestion (déjà développé par le plan Juppé) en créant des agences régionales de santé.
2009. La loi HPST « Hôpital, patients, santé et territoires » met en place les agences régionales de santé. La loi est un projet d'organisation sanitaire qui doit permettre de mettre en place une offre de soins gradués de qualité, accessibles à tous, satisfaisant à l'ensemble des besoins de santé.

3. Une politique de la famille orientée vers les plus pauvres

Les prestations fournies par la branche famille sont soumises, pour la plupart, à un plafond de ressources. Certaines sont versées ***sans condition de ressources,*** comme les « allocations familiales ». Les enfants orphelins ou dont l'un au moins des parents ne verse pas de pension alimentaire ouvrent doit à l'allocation de soutien familial. L'allocation d'éducation de l'enfant handicapé est également versée sans condition de ressources. D'autres prestations sont versées à tous mais leur montant varie selon les revenus de la famille. Il s'agit des prestations liées à la garde des jeunes enfants et regroupées sous le nom générique de « PAJE ».
Sur la période 2009-2012, un protocole d'accord prévoit une augmentation des crédits d'action sociale de la branche famille de 1,25 milliard d'euros pour aider à la mise en œuvre du RSA, ainsi que 100 000 nouvelles places en accueil collectif pour les jeunes enfants ; des actions spécifiques sont décidées en faveur des adolescents des zones rurales ou zones urbaines sensibles.

4. La limitation des indemnités de chômage

Depuis la fin des années 1970, l'indemnisation des chômeurs est devenue de moins en moins généreuse. Pour les chômeurs en fin de droits, c'est l'assistance de l'État qui supplée l'UNEDIC depuis 1984, avec la création de l'allocation spécifique de solidarité, puis le revenu minimum d'insertion créé en 1988.

Une crise financière de l'UNEDIC aboutit en 1992 à un allongement de la durée de cotisation, la dégressivité des allocations et un contrôle renforcé de la recherche d'emploi. En 2000, dans un contexte d'excédent budgétaire (1,3 milliard d'euros), les partenaires sociaux adoptent **la convention dite du PARE** (Plan d'aide au retour à l'emploi). En 2001, la trop forte baisse des cotisations négociée à cette occasion couplée à une remontée du taux de chômage dégrade de nouveau les comptes et aboutit à la signature d'une nouvelle convention qui fait passer la durée d'indemnisation de 30 à 23 mois et durcit les conditions d'accès au régime.

La circulaire du 19 septembre 2005 élargit les attributions des Assedic en leur confiant la tâche d'imposer de nouvelles sanctions pour les chômeurs qui refusent un emploi (ou une action d'insertion). Leurs allocations seront réduites de 20 % au premier refus, de 50 % au second. Le troisième refus entraînera leur radiation de la liste des demandeurs d'emploi et la suspension définitive de leur droit à l'allocation.

La convention chômage du 18 janvier 2006 instaure le principe ***du guichet unique*** et le suivi mensuel des chômeurs. Le plan d'aide au retour à l'emploi (PARE) ainsi que le projet d'action personnalisé (PAP) sont remplacés par ***le « projet personnalisé d'accès à l'emploi » (PPAE).*** Le PPAE est un dispositif d'accompagnement des chômeurs visant à accélérer leur retour à l'emploi. Il définit les actions que le Pôle emploi s'engage à mettre en œuvre, en matière d'accompagnement personnalisé pour faciliter le retour à l'emploi.

La convention du 19 février 2009, prévoit que tout demandeur d'emploi qui justifie de quatre mois d'affiliation à l'assurance chômage dans une période de 28 mois s'il a moins de 50 ans et 36 mois s'il a 50 ans ou plus, est susceptible d'être indemnisé au titre de l'allocation d'aide au retour à l'emploi.

B– De nouvelles recettes

1. Le financement de la sécurité sociale

Tableau 2.8. **Structure des dépenses et des recettes pour tous les régimes de base**

Recettes des régimes de base en 2010 (403,7 mds €)	Dépenses des régimes de base en 2010 (435,9 mds €)
Cotisations (257 mds €) 63,7 %	Prestations (408 mds €) 93,6 %
CSG (70 mds €) 17,4 %	Charges de gestion courante (13 mds €) 3,0 %
Impôts et taxes affectés hors CSG (45 mds €) 11,2 %	Autres charges (7 mds €) 1,6 %
Transferts reçus d'organismes tiers (19 mds €) 4,7 %	Transferts (7 mds €) 1,6 %
Contributions publiques (7 mds €) 1,7 %	Charges financières (1 md €) 0,2 %
Autres (5 mds €) 1,3 %	

Source LFSS pour 2010

Le financement provient des cotisations sociales (63,7 % en 2010). Mais les déficits ont conduit l'État à affecter un certain nombre d'impôts au financement de la protection sociale (28,6 %). La part des cotisations sociales dans le total des ressources est passée de 90 % en 1987 à 60 % aujourd'hui. À l'inverse les impôts et taxes affectés représentent 28 % des ressources des régimes de base contre 5,1 % en 1991 et 3 % en 1978.

2. De nouveaux impôts

En 2010, les prélèvements sociaux comprennent, la CSG et la Contribution au remboursement de la dette sociale (CRDS) dont le taux est de 0,5 %, le prélèvement social de 2 %, auquel s'ajoutent un prélèvement additionnel au taux de 0,3 % et le prélèvement RSA au taux de 1,1 %.

La contribution sociale généralisée (CSG) établit le principe d'un prélèvement proportionnel sur tous les revenus. Elle contribue à financer trois branches de la Sécurité sociale (famille, retraite, maladie). En 2010 les taux de la CSG sont de 7,5 % sur les revenus d'activité ou de remplacement et de 8,2 % sur les revenus du patrimoine ou de placements.

La contribution pour le remboursement de la dette sociale (CRDS). La caisse d'amortissement de la dette sociale (CADES) est créée le 1er février 1996. Elle se voit transférer le montant des déficits sociaux (entre 30 et 38 milliards) et reçoit pour mission de les rembourser. La CADES se voit affecter les recettes de la CRDS. La CRDS et la CADES sont alors créées pour une durée de 13 ans et devaient donc disparaître le 31 janvier 2009. Le 29 septembre 1997, le gouvernement Jospin transfère à la CADES 13 milliards d'euros supplémentaires de dettes, correspondant aux déficits sociaux non financés des années 1996 à 1998, et repousse la perception de la CRDS par la CADES jusqu'au 31 janvier 2014.
En 2004, le plan de redressement de la Sécurité Sociale transfère à la CADES 50 milliards d'euros supplémentaires de dettes. La date butoir de 2014 est abrogée et l'existence de la CRDS et de la CADES est prolongée jusqu'à extinction de la dette. En 2005, le Parlement prévoit l'arrêt de la CADES, en 2021. Fin 2010, on prévoit de repousser cette date jusqu'en 2025.

IV. Résultats et comparaisons internationales

A– Santé

1. Un accès aux soins inégalitaire

Les dépenses de santé ont considérablement augmenté à partir de 2000. Alors que la croissance des dépenses d'assurance-maladie était de 3,5 % par an entre 1994 et 1999, elle est en moyenne de 6,3 % par an entre 2000 et 2008 ; ce sont les soins de ville qui augmentent le plus.
Pour Bruno **Pallier** (*La réforme des systèmes de santé*, PUF, mai 2010 : « *Depuis 1997, l'ONDAM voté par le Parlement n'a jamais été respecté (...) Pour la cour des comptes (rapport de 2003), ce sont principalement des décisions politiques qui expliquent cette augmentation : mise en place des 35 heures à l'hôpital (...) augmentation des honoraires des médecins généralistes. En conséquence, le déficit de l'assurance-maladie s'élevait à 2,1 milliards d'euros en 2001, 6,1 milliards en 2002, 11,1 milliards en 2003 et 13,6 milliards en 2004 (35 milliards de dette cumulée fin 2004).* »
Les politiques menées au cours des années 1980 sont entachées d'effets pervers : « *Si elles n'ont pas réussi à modérer l'augmentation des dépenses de santé, ces politiques ont en revanche accru les difficultés d'accès au système de soins pour ceux qui ne peuvent se payer une mutuelle (40 % de la population dans les années 1970, 25 % dans les années 1980 et encore 15 % à la fin des années 1990 – (Destais, 2003).* »

2. Des systèmes de santé plus équitables

On distingue trois grands types de système de santé :

Les systèmes nationaux de santé (Suède, Norvège, Danemark, Finlande, Grande-Bretagne, Irlande, Italie, Espagne) assurent un accès quasiment gratuit aux soins pour l'ensemble des citoyens. Ce sont les plus équitables. En revanche ces systèmes connaissent un défaut majeur : ***les listes d'attente***.

Les systèmes libéraux de santé (principalement celui des États-Unis) sont très inégalitaires et le système public de protection maladie y est très partiel. Une grande partie de la population est obligée d'avoir recours à des ***assurances privées.***

Les systèmes d'assurance-maladie (France, Allemagne, Belgique, Autriche, Japon, Pays-Bas) ont une ***offre de soins en partie privée, en partie publique***. Le système français est caractérisé par une qualité des soins, une bonne prise en charge des pathologies les plus coûteuses, l'absence de files d'attente et le libre choix du médecin. Au niveau du rapport entre les dépenses publiques et les dépenses totales de santé (indicateur d'équité d'un système), la France est relativement bien placée, avec une part publique de près de 80 %.

Tableau 2.9. **Part des dépenses publiques dans les dépenses totales de santé en 2007 (en %)**

Danemark	84,50 %	Japon (2006)	81,30 %	Espagne	71,80 %
Norvège	83,60 %	France	79,00 %	Pays-Bas	62,50 %
Roy.-Uni	81,70 %	Allemagne	76,90 %	Grèce	60,30 %
Suède	81,70 %	Italie	76,50 %	États-Unis	45,40 %

Source Eurostat

B– Retraites

Le retour à l'équilibre est prévu en 2018, avec des perspectives de croissance de 2,5 % en 2011 et 2012, et avec une aide de l'État pour équilibrer le régime des fonctionnaires de 15,6 milliards d'euros chaque année. ***Mais même avec un départ fixé à 62 ans, le régime français reste encore très avantageux.***

Tableau 2.10. **Classement des pays européens en fonction de l'âge légal de départ à la retraite (septembre 2010)**

PAYS	ÂGE LÉGAL DE DÉPART	PAYS	ÂGE LÉGAL DE DÉPART	PAYS	ÂGE LÉGAL DE DÉPART
1. Malte	H : 61 ans F : 60 ans	10. Italie	H : 65 ans F : 60 ans	. Chypre	65 ans
2. France	**62 ans**	. Autriche	H : 65 ans F : 60 ans	. Danemark	65 ans
. Hongrie	62 ans	. Pologne	H : 65 ans F : 60 ans	. Espagne	65 ans
. Lettonie	62 ans	. Roy- Uni	H : 65 ans F : 60 ans	. Finlande	65 ans
. Slovaquie	62 ans	. Grèce	H : 65 ans F : 60 ans	. Pays-Bas	65 ans
6. Républ. tchéq.	H : 62 ans F : 60,8 ans	15. Belgique	65 ans	24. Suède	67 ans
7. Lituanie	H : 62,5 ans F : 60 ans	. Portugal	65 ans	25. Allemagne	67 ans
8. Slovénie	H : 63 ans F : 61 ans	. Irlande	65 ans		
. Estonie	H : 63 ans F : 61 ans	. Luxembourg	65 ans		

Source Eurostat

En Europe, la France fait figure d'exception, la plupart des pays connaissent un âge de départ à la retraite fixé à 65 ans.

C– Accidents du travail, maladies professionnelles (AT/MP), dépendance

Le nombre d'accidents mortels a fortement régressé entre 1970 et 1986, 979 contre 2 268 mais il s'accroît de nouveau depuis 2006 : 622 accidents mortels en 2007, dont 184 dans le seul bâtiment. Il pose le problème des conditions de travail et de la souffrance au travail, comme l'attestent ***les multiples suicides et le harcèlement moral***.

La dépendance des personnes âgées. En France, une personne âgée sur trois aura à en souffrir en 2020, contre une sur quatre en 2000. En 2008, la dépense publique liée à la prise en charge des personnes âgées dépendantes (prestations de santé et prestations de « compensation de la perte d'autonomie ») s'élève à 19 milliards d'euros par an.
L'APA est une aide financière attribuée aux personnes d'au moins 60 ans qui, malgré les soins qu'elles reçoivent, ont besoin d'être aidées pour l'accomplissement des actes essentiels de la vie courante. L'APA compte 1,1 million de bénéficiaires en 2009, pour un coût estimé à 5 milliards d'euros, assumé à 68 % par les départements. 60 % des bénéficiaires de l'APA vivent à domicile, 40 % en établissement d'hébergement spécialisé.
Les bénéficiaires de l'APA peuvent percevoir l'Aide personnalisée au logement (APL), l'Aide sociale aux personnes âgées, l'Allocation de logement à caractère social (ALS) ou l'Allocation départementale personnalisée d'autonomie (ADPA). Dans son rapport annuel 2007, la caisse nationale de solidarité pour l'autonomie (CNSA) dresse le constat des limites du système actuel : montant insuffisant de l'APA pour combler le « reste à charge » des familles, disparités entre départements, complexité des réglementations qui entraîne des ruptures dans l'accès aux droits et l'épuisement des aidants familiaux.
La création d'un ***« 5e risque », combinant un financement public et la mise en place d'une assurance individuelle*** encouragée par des incitations fiscales est en 2010 envisagé.

D– La famille

La France enregistre, juste après l'Irlande, le meilleur taux de fécondité par femme parmi les pays européens : l'indicateur de fécondité y atteint 1,92 enfant par femme en 2005 et 2,0 en 2006 contre 1,71 en 1995. La politique familiale joue un rôle décisif dans l'importance de la fécondité.
Un dossier de l'IRES (janvier 2009) établit un comparatif sur douze pays européens. Il établit un essai de synthèse sur la générosité comparée des pays étudiés : l'Autriche apparaît comme un pays nettement plus généreux que les autres avec un montant moyen de l'avantage enfant sur 18 ménages types de 493 € (PPA). Le Royaume-Uni se distingue également avec un montant moyen de 386 € PPA. Ensuite vient un groupe de cinq pays dont l'avantage enfant moyen se situe autour de 300 € PPA : Belgique (318), France (309), Irlande et Allemagne (302), et Danemark (279).
Cependant si l'on fait la somme de toutes les aides au logement, à l'éducation, à la santé que reçoit une famille française, ***les politiques sociales montrent que la France est l'un des pays où la protection sociale est l'une des plus avancée.***

E– L'indemnisation du chômage

Un article pour connaître « Comment se situe la France parmi 12 États d'Europe » (*Europ'info,* n° 1, juillet 2008) montre les avantages du système français par rapport à 11 États membres de l'UE (dont l'Allemagne) ainsi que la Suisse

L'accès à l'indemnisation du chômage. Seuls les dispositifs en vigueur en France, au Luxembourg, et aux Pays-Bas ouvrent droit à l'indemnisation dès 6 mois d'affiliation. Tous les autres systèmes étudiés requièrent au moins 12 mois d'affiliation, voire 15 mois au Portugal ;

La durée d'indemnisation offerte par le dispositif français, hormis la Belgique où elle est illimitée, et le Danemark où elle est égale à 4 ans, est la plus longue pour les personnes de moins de 50 ans, et également de très loin la plus avantageuse pour les personnes de 57 ans et 6 mois ou plus qui bénéficient, sous certaines conditions, d'une durée d'indemnisation pouvant atteindre 7 ans et demi.

Le montant de l'indemnisation ; c'est en France que l'on peut bénéficier du montant d'allocation le plus élevé : 5 642,90 euros net pour un salaire de référence mensuel de 11 092 euros. Pour un salaire moyen le montant de l'indemnisation est plus élevé dans 4 pays : le Danemark, le Luxembourg, les Pays-Bas et la Suisse.

Conclusion du chapitre

La protection sociale en France est très développée mais elle connaît une rentabilisation importante, en raison des déficits structurels accumulés, comme ceux des départements, dont certains pourraient se trouver en cessation de paiement. Les droits aux allocations chômage sont à la baisse depuis 1983. Les prestations sont ciblées vers ceux qui en ont le plus besoin. Le niveau des prestations, notamment de retraite, se réduit. La charge laissée aux usagers s'accroît. Le rôle des assurances privées se développe. Les méthodes de gestion privées sont introduites afin de contrôler le volume des dépenses (enveloppe globale et autonomie de gestion pour les hôpitaux, par exemple). La médecine libérale est soumise à des contrôles qui peuvent impacter la santé des patients, en limitant l'aspect préventif. Quant aux contrôles concernant les fraudes, ils permettent d'évaluer le coût de celles-ci à près d'un milliard d'euros. Les familles et la société civile sont mises à contribution. Le sort des personnes âgées, est peu enviable, surtout quand il concerne la fin de vie à l'hôpital. Cette rentabilisation semble nécessaire pour continuer à financer un système de plus en plus coûteux, pour des raisons démographiques et économiques.

chapitre 3

Les politiques de l'éducation

Le système éducatif, objet de recherches pour de nombreuses disciplines scientifiques : sociologie, psychologie, histoire, pédagogie, économie... ***demeure investi de missions qui ont toutes un caractère social affirmé :*** élever le niveau de connaissances général, permettre la socialisation des jeunes, favoriser la mobilité sociale et l'emploi.
L'institution éducative (qui englobe maternelles, écoles primaires, collèges, lycées, universités, IUT, grandes écoles) est ***un enjeu décisif*** : ses acteurs sont nombreux, son financement est coûteux, et la maîtrise de son efficacité, indispensable à la cohésion sociale. Son évolution est donc source d'***innombrables débats,*** autour de thèmes relatifs aux échecs de l'institution dans ses missions ou à l'impact des réformes successives.
Ces débats ne doivent pas faire oublier les réussites du système scolaire et universitaire (SYSU), premier employeur de France, et qui scolarise, près du quart des citoyens.

I. Les missions sociales d'une politique éducative

La politique éducative remplit plusieurs missions sociales : favoriser l'emploi et la mobilité, réduire les inégalités, permettre l'accès de tous les jeunes à une qualification ou un diplôme, et leur octroyer un ensemble de compétences de base.

A– Le lien école-emploi.

Le Système scolaire et universitaire (SYSU) forme chaque année à des dizaines de milliers d'emplois de cadres, mais réussit moins bien dans la préparation de l'ensemble des jeunes à la vie professionnelle.

1. L'éducation nationale, premier employeur de France

Au 31 janvier 2008, ***1 200 000 personnes exercent une activité dans l'Éducation nationale***, dont 88 % dans le secteur public, près d'un million sont des enseignants. Les effectifs d'élèves, d'apprentis et d'étudiants en France métropolitaine et dans les Dom atteignent 14 900 000.

→ Les professeurs des écoles du premier degré

En 2008, ils étaient 322 000 en fonction dans 55 329 écoles ; le premier degré scolarisait alors 6 600 000 élèves. ***Depuis 1990, les professeurs des écoles remplacent les instituteurs.*** Leur recrutement s'effectue au niveau de la licence, et non plus du baccalauréat. Le corps des professeurs des écoles (PE), très féminisée, représente 94 % des titulaires (Bernard Toulemonde. *Le système éducatif en France,* La documentation française, nov. 2009). Les PE sont assistés par plusieurs catégories de personnels : conseillers pédagogiques, membres des réseaux d'aides aux élèves en difficulté (RASED), des professeurs formateurs, et des personnels recrutés sur contrat par l'État ou les collectivités locales.

→ Les professeurs du second degré

Plus de cinq millions d'élèves sont scolarisés dans le second degré : 3,2 millions en collège, 713 000 en lycée professionnel, 1,5 million dans les lycées d'enseignement général et technologique. Ils sont encadrés par plus de 370 000 professeurs : 50 000 agrégés, 250 000 certifiés, 63 000 PLP (professeurs de lycées professionnels. Les corps mis en extinction (Adjoints d'enseignement, PEGC), ne représentent plus que 10 000 personnes (2,5 % du total), et les non-titulaires (auxiliaires et contractuels) 12 000 (2,9 %). Ces personnels sont assistés par des conseillers principaux d'éducation (CPE), des professeurs-documentalistes, et des chefs de travaux dans les enseignements techniques. Plusieurs milliers d'enseignants : agrégés, certifiés, maître-auxiliaires, sont titulaires d'un doctorat. En revanche, bénéficiant des effets des politiques sociales, un quart des enseignants titulaires n'a pas été recruté dans son corps actuel par un concours externe (par exemple, PEGC ou adjoints d'enseignement intégrés dans le corps des certifiés).
Les femmes sont majoritaires et il y a 2,6 fois plus de professeurs de plus de 50 ans que de professeurs de moins de 30 ans. Les temps partiels, à la rentrée 2007, étaient 11 %.

➜ Les enseignants du supérieur

Au nombre de 90 000, en augmentation depuis en 10 ans, ils se répartissent en trois grandes catégories :

- ***Enseignants chercheurs et assimilés : 57 549 (64 %)***, dont : professeurs (22,4 %), maître de conférences (41,4 %). Titulaires d'un doctorat, ils doivent 6 heures de cours par semaine, et des activités de recherche.
- Assistants titulaires (0,1 %) ;
- ***Enseignants non permanents : 18 795 (21 %)*** ;
- ***Enseignants du second degré : 13 742 (15 %)***. Les enseignants du secondaire détachés : professeurs agrégés (PRAG) et professeurs certifiés (PRCE), effectuent 12 heures de cours hebdomadaire.

2. La préparation à l'emploi

L'enseignement français propose **trois voies : générale, technologique et professionnelle et spécialisée,** mais c'est la voie générale qui scolarise le plus d'élèves. En 2008, 63,6 % des jeunes d'une génération obtiennent le baccalauréat : 34,4 % dans une série générale, 16,6 % dans une série technologique, 12,6 % dans une série professionnelle.
Le chômage des jeunes, touche principalement les non-diplômés, ceux que le système n'arrive pas à former. Le chômage cesserait-il d'exister si l'école arrivait à diplômer tous les élèves qui lui sont confiés ? La réponse n'est pas forcément affirmative, car il y a plus de sorties du système éducatif que de nouveaux emplois créés chaque année. Le chômage touche, après les jeunes sans formation, les catégories les moins diplômées : ouvriers et employés. Le développement de l'apprentissage pourrait-il revaloriser les métiers manuels, traditionnellement mal perçus par l'opinion en France ? C'est une des réponses qu'a essayé d'apporter **la loi d'orientation de juillet 1989.** Depuis, les effectifs des centres de formation d'apprentis ont presque doublé. Le niveau CAP ou BEP attire le plus grand nombre d'apprentis : près de 3 apprentis sur cinq y sont scolarisés. Plus de 80 500 jeunes préparent un diplôme de l'enseignement supérieur, et le BTS y occupe une place prépondérante.

B– La cohésion sociale par la réduction des inégalités

Les différences d'insertion en milieu professionnel sont analysées comme la conséquence des inégalités scolaires.

1. Les inégalités scolaires

Dans le secteur public, deux inégalités majeures apparaissent, au détriment des élèves issus des milieux les plus défavorisés.

➜ Les différences dans les parcours

L'enseignement général. La plupart des élèves sont scolarisés dans la voie générale de l'enseignement public, ***mais ceux qui réussissent le moins bien sont orientés vers l'enseignement spécialisé ou professionnel.***
Le premier degré de l'enseignement général comprend l'enseignement pré-élémentaire dans les maternelles et l'enseignement élémentaire décomposé en deux années de cours élémentaire et deux années de cours moyen, dans les écoles primaires (On rappellera qu'en 1960, près d'un enfant sur cinq entrait à l'école primaire sans avoir été préscolarisé). Dès ce stade des inégalités de résultats apparaissent (redoublements plus fréquents), en liaison avec le milieu social. Cette situation se poursuit dans **le second degré de l'enseignement général**, qui comprend deux niveaux : le premier cycle en collège (quatre années de la 6e à la 3e) et le deuxième cycle en lycée (trois années de la seconde à la classe de terminale). La part des élèves qui atteint un second cycle long variait selon un écart de 1 à 3 : 30 % chez les enfants d'ouvriers, près de 90 % chez les cadres.
En 2006-2007, 100 % des élèves qui ont suivi une sixième accèdent à la classe de troisième, et le taux de réussite au brevet passe à 80 %. Cependant le pourcentage d'élèves par séries de baccalauréat en 2007-2008 (public et privé sous contrat) est fortement marqué par l'origine sociale : ***les enfants d'ouvriers représentent à peine 18 % des premières et terminales générales, contre 35 % pour les professions libérales et les cadres supérieurs.*** À l'inverse les fils d'ouvriers sont 45 % dans les baccalauréats professionnels contre à peine 8 % pour les fils de cadres et de professions libérales.
Dans l'enseignement supérieur alors que les ouvriers composent 38 % de la population active, les fils d'ouvriers ne représentent que 10,5 % dans les Universités (4 % dans les années soixante) : 11 % en lettres, 11,1 % en sciences, mais 5,3 % seulement en médecine, et 5 % en CPGE (classes préparatoires aux grandes écoles). ***Les enfants des milieux populaires sont moins nombreux à intégrer les grandes écoles***, dont le recrutement par concours nécessite le choix d'une filière d'excellence dès le lycée.

➜ L'enseignement spécialisé

À l'école primaire, le programme personnalisé de Réussite Éducative (**PPRE**) concerne les élèves qui risquent de ne pas maîtriser une compétence en fin de cycle.
Les RASED remis en cause en 2008, sont des réseaux d'aide spécialisés aux élèves

en difficulté. Dans les collèges, les PPRE doivent être mis en place comme à l'école primaire, les EGPA (enseignements généraux et professionnels adaptés) regroupent : Les sections d'éducation spécialisées (SES), créées en 1965, devenues **les SEGPA**, et les groupes de classes-ateliers (GCA) scolarisent 106 000 élèves, une majorité est considérée comme déficients intellectuels légers. La plupart suivent une formation professionnelle. Les enfants d'immigrés, et de milieux populaires, sont sur-représentés dans ces classes sans programme.

Les EREA (établissement régional d'enseignement adapté), un établissement par département, font, à la différence des SEGPA, internat.

→ L'enseignement professionnel

Il aboutit à six diplômes : le certificat d'aptitude professionnelle (CAP), le brevet d'études professionnelles (BEP), et le baccalauréat professionnel. **Les diplômes du technique** peuvent être préparés dans les lycées professionnels (LP) ou dans le cadre de l'apprentissage professionnel : l'apprenti suit alors une formation pratique et théorique (une semaine sur quatre) dans un centre de formation d'apprentis (CFA).

Avant 1985, près d'un tiers des élèves de milieu populaire (en majorité des garçons), quittait le collège avant la classe de troisième pour préparer un CAP, et près de la moitié des enfants d'ouvriers parvenus en troisième étaient orientés vers l'enseignement professionnel. À cette orientation par l'échec s'ajoutaient des capacités d'accueil restreintes dans certaines formations, qui dévalorisaient l'enseignement technique. ***En 2007, les lycées professionnels scolarisaient 720 000 élèves***, et 105 000 élèves environ ont obtenu le baccalauréat (taux de réussite 78,5 %).

Les BTS et les DUT recrutent des bacheliers, de préférence dans des disciplines compatibles avec la spécialisation choisie. La sélection s'effectue généralement sur dossier scolaire. Il existe un autre diplôme professionnel à bac + 2 : le DEUST, préparé dans les Universités.

→ L'enseignement privé

Le 16 juin 1881, ***la première loi Ferry instaure la gratuité de l'école primaire,*** le 28 mars 1882, ***une seconde loi, institue la laïcité et l'obligation scolaire de 7 à 13 ans.*** Les familles sont cependant libres de scolariser leurs enfants dans l'enseignement privé en vertu de ***la loi Goblet (1886).*** Cette situation est à l'origine d'une querelle scolaire qui dure depuis plus d'un siècle, avec des périodes particulièrement intenses (1981-1984). Le régime juridique de l'enseignement privé résulte en grande partie de ***la loi Debré du 31 décembre 1959.*** L'enseignement libre, a vu fluctuer ses effectifs, qui rassemblaient en 1925, 20 % de l'ensemble des élèves (primaire et secondaire), à peine 15 %, au milieu des années 1990, mais 17 % en 2007.

Pour les établissements privés sous contrat d'association, l'État assume les mêmes charges pour les établissements publics et privés. Celles-ci ont été fixées, par élève, par arrêté du 15 octobre 2009. ***L'enseignement privé scolarise plus de 2, 2 millions d'élèves.*** Dans le secondaire la composition sociale des élèves du privé fait apparaître la prépondérance des agriculteurs, des cadres et des professions intellectuelles supérieures, des artisans-commerçants et des chefs d'entreprise.

→ L'échec scolaire

Redoublements précoces, retards scolaires, non-accès aux études longues, entraînent des différences dans les parcours et sont le signe de **difficultés scolaires**, mais ne conduisent pas à l'exclusion, à la différence de l'échec scolaire qui a pour corollaires l'illettrisme et l'absence de diplômes.
L'illettrisme se manifeste par le manque d'autonomie des individus dans la pratique de la langue, et la compréhension de textes simples. Selon l'INSEE, ***trois millions de personnes sont concernées ;*** les hommes (59 %) plus que les femmes (41 %) et le taux augmente avec l'âge. 57 % des illettrés sont dans la vie active et 21 % au chômage, en formation ou en inactivité, 26 % peuvent prétendre au RSA. Dans les zones urbaines sensibles, le taux d'illettrisme est deux fois plus important (18 %) que dans la population générale (9 %).

2. Les explications des inégalités éducatives

Au début du XXe siècle, les travaux d'Alfred **Binet** (1857-1911) sur l'intelligence ont servi à reconnaître les enfants dont ***le quotient intellectuel*** était situé nettement au-dessous de la moyenne ; ils sont encore utilisés pour les procédures d'orientation des élèves en grande difficulté scolaire.
Économistes, sociologues et psychologues mettent en valeur le rôle essentiel des stratégies individuelles, des familles et de l'institution scolaire.

→ Les stratégies des individus

La théorie néoclassique du capital humain apparaît au début des années 1960 sous l'impulsion des travaux de Théodore **Schultz** et de Gary **Becker**. Les différences qui se constatent dans la répartition des revenus, résultent des ***différences d'investissement dans les niveaux de formation*** : les avantages en termes de revenus s'expliquent par le fait que ceux qui en bénéficient ont auparavant « investi », en sacrifiant leur jeunesse, leur temps libre, leurs loisirs, leurs ressources, pour acquérir un avantage en termes de formation.
Pour Raymond **Boudon** (*L'inégalité des chances. La mobilité sociale dans les sociétés industrielles,* PUF, 1973) et les sociologues du courant de « l'individualisme

méthodologique », les inégalités scolaires proviennent des comportements individuels des enfants et de leurs familles, qui effectuent à chaque étape du cursus scolaire, des choix, en fonction d'une analyse : « avantages escomptés/coûts subis ».

→ Le rôle de la famille

La transmission d'un capital culturel. Les inégalités scolaires résultent des ***inégalités de répartition du capital culturel.*** Celles-ci agissent de manière indirecte par l'intermédiaire de « l'habitus » (système de dispositions durables acquis au cours du processus de socialisation). Un « ***héritage culturel*** », (savoirs, savoir faire, manières) est transmis par les classes aisées à leurs enfants.
P. **Bourdieu** et J.-C. **Passeron** (*Les Héritiers. Les étudiants et la culture*, Éditions de Minuit, 1964) avaient noté que les étudiants issus des milieux sociaux les plus favorisés bénéficiaient de privilèges sociaux qui aidaient à leur réussite. Dans *La Reproduction* (Éditions de Minuit, 1970) ils ont montré que ***le système scolaire confortait les inégalités parce qu'il les ignorait.*** « L'indifférence aux différences » fait des inégalités des différences « naturelles » dues à des dons ou des aptitudes innées.
P. **Bourdieu** (1979) a conceptualisé le concept de « ***capital culturel*** » lequel se décomposerait en trois dimensions : une forme institutionnalisée (les diplômes), une forme incorporée (les dispositions durables de l'organisme : la présentation de soi, les manières, le langage, le rapport à la culture et à l'école), un état objectivé (les biens culturels : tableaux, livres, etc., et la manière de s'en servir).

→ Pratiques éducatives et attitudes envers l'école

Jacques **Lautrey** (*Classe sociale, milieu familial, intelligence,* PUF, 1980) rappelle le rôle des principes éducatifs et des systèmes de valeurs. Les familles populaires subissent des contraintes liées à leur position sociale, qui les obligent à avoir une « forme de structuration rigide » où le mode de l'autorité prime. Ce style éducatif, qui met au premier plan l'obéissance et la soumission aux adultes, est susceptible de freiner le développement de la curiosité et de l'esprit critique. Un style plus souple, sollicitant la coopération entre les adultes et les enfants, valorise l'activité propre de l'enfant, développe son initiative et sa créativité.
De nombreux auteurs ont montré que l'origine de la réussite scolaire, se trouvait dans ***l'investissement dans la scolarité, le soutien des familles et des rapports à l'école positifs.***

→ Le rôle de l'institution

La logique inégalitaire de l'école capitaliste. Au début des années 1970, C. **Baudelot**, R. **Establet** (*L'école capitaliste en France,* Maspéro, 1971) prononcent un réquisitoire contre l'école, qu'ils analysent comme un instrument du maintien et de la diffusion de l'idéologie des classes dominantes. ***Le système capitaliste, inégalitaire, ne peut***

fonctionner que parce qu'il existe un système de valeurs et de règles qui légitime son existence : cette idéologie est véhiculée par l'école, qui est alors le reflet de la division sociale entre classes antagonistes (ouvriers et bourgeois) en préparant chacun à un rôle spécifique dans la société. ***Cette école « de classes » comprend deux réseaux,*** l'un destinant au « travail intellectuel », et l'autre au « travail manuel ». Les classes sociales (dominants exerçant des travaux intellectuels et dominés cantonnés dans des activités moins nobles), se reproduisent ainsi.
Pour certains sociologues, **l'école est « un filtre »**, elle sélectionne : la fonction de l'enseignement n'est pas d'octroyer des compétences, mais de certifier que l'élève est apte à suivre une formation qui lui conférera un certain statut. Une formation de masse ne remplit plus sa fonction de filtrage, d'autres formes de sélection, plus cachées, vont renaître, ainsi tous les baccalauréats ne se valent pas.

→ La nature des établissements

Tous n'ont pas la même notoriété, et la responsabilité de l'échec scolaire leur est souvent imputée. Un établissement est tout d'abord caractérisé par un climat, qui dépend pour beaucoup de l'implantation géographique : milieu urbain, milieu rural, banlieues défavorisées. Les ZEP sont des zones d'éducation prioritaires, dans lesquelles les publics les plus touchés par l'échec scolaire, ont droit à un supplément de moyens en matière d'encadrement.
Un établissement a aussi un statut : public ou privé. A. **Prost** a montré que les écoles libres, étaient choisies aujourd'hui, pour des raisons de stratégie éducative, ou de « recours » en cas d'échec dans l'école publique, et non pas forcément de conviction religieuse. Un bon établissement c'est aussi une bonne ambiance, qui dépend de la qualité humaine et professionnelle des partenaires éducatifs.

→ Le rôle des partenaires éducatifs

Les activités d'éveil. Quatre facteurs concourent à l'accroissement des connaissances « l'activité du sujet apprenant, l'offre des situations favorables à l'apprentissage, la médiation par l'entourage, l'utilisation de formules-langagières et de formes symboliques pour communiquer et représenter » (Éric **Plaisance**, Gérard **Vergnaud**, *Les sciences de l'éducation,* La Découverte, 1993). Le psychologue suisse Jean Piaget (1896-1980) a montré que ***l'enfant devait être actif pour apprendre,*** l'action et les opérations du sujet tenant une place essentielle dans la structuration de la pensée.

Parents, enseignants, formateurs ont donc un rôle à jouer en offrant à l'enfant des situations et des activités ludiques lui permettant d'éveiller sa pensée. Mais c'est le psychologue russe Lev **Vygotski** (1896-1934) qui, dans son ouvrage principal, *Langage et pensée,* a précisé le rôle de l'éducateur dans le processus d'apprentissage. La notion de

« ***zone de proche développement*** » recouvrant ce que l'enfant est incapable de faire tout seul mais peut faire avec l'aide d'autrui, permet de faire la différence entre les apprentissages que l'enfant peut acquérir tout seul dans son environnement quotidien et ceux qui résultent de l'action de l'institution scolaire.

➜ L'orientation

Introduite en 1955, systématisée en 1963, décide de la destinée scolaire de chaque élève. Elle est conditionnée par le niveau de réussite de l'élève, mais ***la volonté des familles est aujourd'hui, systématiquement prise en compte.***
La réussite au cours préparatoire (CP) détermine les succès ultérieurs, mais des biais sociaux importants existent, tenant en particulier aux choix des familles elles-mêmes. Les familles les moins aisées, doutant de l'investissement éducatif, limitent volontairement les vœux de leurs enfants, alors que les autres familles, plus averties, par le choix des options ou des redoublements utilisent pleinement le système éducatif. Et l'on aboutit ainsi à de très importantes inégalités. Pour Marie **Duru-Bellat** ces inégalités sociales apparaissent dès le tout début de la scolarité, puisqu'environ la moitié de celles observées en fin d'école primaire étaient déjà présentes à l'entrée.

C– L'accès à un socle commun de compétences de base

Depuis plus d'un demi-siècle, les notions de culture commune, de socle fondamental ou de socle commun de connaissances et de compétences nourrissent le débat sur les savoirs qu'il convient d'enseigner pendant la scolarité obligatoire.
En 2001, **à la suite du sommet de Lisbonne**, le Conseil européen affirme le principe suivant : « *La société attend de l'éducation et de la formation qu'elles permettent à chacun et à chacune d'acquérir les compétences de base nécessaires pour affronter la vie et le travail* ».
Le 12 avril 2006, le Haut conseil recommande l'inscription de ***7 compétences*** dans ce socle : la maîtrise de la langue française, celle des principaux éléments de mathématiques et des techniques usuelles de l'information et de la communication, une culture humaniste et scientifique permettant le libre exercice de la citoyenneté ; la pratique d'au moins une langue vivante étrangère. ***L'enseignement artistique n'est pas valorisé dans ce socle.***

II. La politique de l'éducation depuis 1974

L'Administration (le ministre, les recteurs, les corps d'inspection, les chefs d'établissements) met en œuvre et applique les lois, les décrets, les programmes et les règlements participant au(x) projet(s) éducatif(s). Ces projets, qui ne sont pas élaborés par les enseignants chargés de les mettre en œuvre, relèvent d'un système de valeurs, d'une idéologie.

A– Les projets éducatifs

En France, seules des coalitions peuvent prétendre exercer le pouvoir ; leur projet éducatif sera alors un compromis entre différentes idéologies. Louis **Legrand** *(Les politiques de l'éducation, PUF, 1995)* en distingue quatre : la religion, le positivisme, le marxisme, le libéralisme. Les valeurs de la religion chrétienne et du libéralisme inspirent les projets éducatifs des coalitions de droite, marxisme et positivisme façonnent les projets de la gauche.

1. L'école des valeurs et du mérite

Au pouvoir, les partis républicains et libéraux ont essayé d'accroître les aides à l'enseignement privé, le plus souvent religieux. Parmi les projets religieux, le projet catholique, issu de la religion chrétienne, est le projet dominant. Celui-ci développe un message, fondé sur un système de valeurs où la qualité de la relation à autrui est primordiale. Pour le Comité national de l'Enseignement catholique, ***la qualité d'une école, repose sur la qualité des relations humaines unissant les jeunes et les adultes, qui constituent la communauté scolaire.***

Ce système de valeurs entre parfois en contradiction avec la forme la plus excessive du projet libéral fondé sur le mérite (et les dons). La résolution de cette contradiction se trouve dans une morale et une attitude où les qualités de l'élite sont mises au service, non pas de soi, mais des autres (« Le fort aide le faible »). Le libéralisme, souvent présenté dans sa forme la plus excessive, le libéralisme économique, qui aboutit par la concurrence à privilégier les intérêts du plus fort, est en fait un paradigme plus complexe qui a trois composantes (F. **Bénoit**, « Le libéralisme », Encyclopaedia Universalis) : une philosophie politique, une doctrine économique et une disposition d'esprit.

C'est la philosophie politique qui donne au projet libéral son principal attrait. Ses origines, qui se trouvent dans la Déclaration des droits de l'homme de 1789 privilégient fondamentalement la liberté. La diversité sociale, résultat des libertés individuelles conduit à la démocratie, par l'intermédiaire du principe de l'égalité devant la loi.

Ce projet, dans le domaine éducatif, suppose : ***la liberté de choix, l'acceptation de la sélection comme le résultat de l'effort individuel*** et des différences de compétences entre les individus, ***le caractère payant de certaines études*** comme le résultat d'un choix personnel.

2. L'école laïque et égalitaire

Le projet socialiste est fondé sur un compromis entre deux idéologies, parfois en contradiction : **le positivisme et le marxisme** (la laïcité et l'égalité). Le positivisme a été défini par Auguste Comte dans le « Cours de philosophie positive » (1830-1842). Cette philosophie scientifique exige que toute science, à l'opposé de la révélation religieuse, parte des faits observables.
Les conséquences en matière éducative sont multiples : **la laïcité, la gratuité de l'enseignement, et l'obligation de s'instruire** sont des moyens de faire accéder le peuple à une pensée rationnelle ; la science doit se situer au cœur de la formation ; la tolérance doit être pratiquée, comme une relativisation des affirmations dogmatiques non prouvées, plus que comme une vertu de l'âme. Pierre **Laffitte** (1823-1903) exprima en 1868 les intentions positivistes en matière éducative, qui consistait à organiser un système général d'éducation universelle destiné aux deux sexes et commun à toutes les classes.
L'égalitarisme trouve sa justification dans la sociologie marxiste qui analyse la société comme étant divisée en classes sociales antagonistes : les dominants (ceux qui possèdent le pouvoir et les richesses) et les dominés. Appliquée au domaine de l'Histoire, la philosophie marxiste du matérialisme (historique) est fondée sur l'idée que l'histoire de la société est l'histoire de la lutte des classes. « L'exploitation de l'homme par l'homme » cessera avec la fin de la division de la société en classes sociales. Dans le domaine éducatif, ***la marche vers une société égalitaire suppose une triple égalisation : du système éducatif, des chances, du corps enseignant***, par la suppression des inégalités scolaires et l'accès du plus grand nombre au savoir.

B– La mise en place des politiques éducatives

Le projet laïque-égalitaire, dominant, caractérisée par la tentative d'unifier le système, l'allongement des scolarités, et la volonté de créer une école pour tous, est aujourd'hui remis en cause.

1. L'unification du système

La politique d'unification du système a connu ses débuts dans les années 1960, et a donné lieu à la création du collège unique en 1975. Quelques années plus tard, la tentative d'intégrer l'enseignement privé dans un grand service public de l'éducation est restée sans suite.

→ L'instauration du collège unique

La réforme Haby sera, en 1975, le fruit d'**une longue évolution**. Elle mettra fin à la diversité qui a longtemps prévalu « *Jusqu'à la fin des années cinquante, l'enseignement primaire et secondaire correspondait à divers types d'établissements ayant chacun ses débouchés, son corps enseignant, ses programmes et ses normes pédagogiques. Ils relevaient de différentes directions administratives* » (Maria **Vasconcellos**, Le système éducatif, La Découverte, 1993).

La réforme Berthoin de 1959, porte ***l'obligation scolaire jusqu'à 16 ans.*** Cette obligation ne deviendra effective qu'en 1967, toutefois la réforme va susciter un début d'intégration de l'enseignement professionnel au sein du système scolaire. Un ***cycle d'observation*** (sixième et cinquième) est créé et ***de nouvelles dénominations*** sont données aux établissements : les centres d'apprentissages s'appellent désormais « *collèges d'enseignement technique* » (CET) et les cours complémentaires vont constituer les « ***collèges d'enseignement général*** » (CEG).

La réforme Capelle-Fouchet (1963) va ***allonger le cycle d'observation et d'orientation*** (de la sixième à la troisième) dans les collèges d'enseignement secondaire (CES), cycle à l'issue duquel l'élève va être orienté.

La réforme Haby (11 juillet 1975) étend le réseau des classes maternelles (de sorte qu'en 1980, tous les enfants de 4 à 6 ans sont scolarisés) et institue un tronc commun de formation, du CP à la classe de troisième : les trois voies du collège d'enseignement secondaire sont supprimées, et les CES et les CEG sont unifiés sous la dénomination de collège unique.

→ Les remises en cause

La critique du collège unique. Pour J. **Lesourne** (*Éducation et société, les défis de l'an 2000*, La Découverte, 1988) : hétérogénéité des élèves, inégales capacités d'adaptation et d'assimilation, niveau d'aspiration différents sont les principales critiques adressées à cette réforme.

1984 : La tentative de créer un grand service public échoue. Depuis le plan Langevin-Wallon, du nom des deux universitaires communistes qui, au lendemain de la Seconde Guerre mondiale, présidèrent les commissions de réformes scolaires, l'égalisation du système éducatif n'a cessé d'être au cœur de la doctrine marxiste avec son corollaire : l'intégration de l'école privée dans un grand service public unifié.

La victoire de la gauche, en 1981, va réactiver ces velléités unificatrices mais en 1984, après les manifestations des partisans de l'école libre, qui réunirent plusieurs millions de personnes, le ministre Alain Savary retire son projet de loi visant à l'unification du service public.

2001. Les politiques d'éducation soumises aux contraintes de la décentralisation et de la stratégie de Lisbonne. Pour Agnès **Van Zanten** (*Les politiques d'éducation,* coll. « Que sais-je ? », PUF, 2005), nous assistons depuis une vingtaine d'années à une fragmentation de l'action publique en éducation. ***La décentralisation*** a favorisé l'éclosion de politiques locales qui remettent en cause l'étagement par niveaux : les écoles dépendent des communes, les collèges des départements, et les lycées des régions.

Parallèlement de nouvelles instances supranationales comme l'Union européenne cadrent beaucoup plus fortement que par le passé les orientations des politiques nationales. Dans le domaine de l'éducation, la stratégie de Lisbonne est tout à fait significative.

2004-2008. La prise en compte du fait religieux est aujourd'hui définie par la loi n° 2004-228 de mars 2004 encadrant le port des signes religieux, par la loi d'orientation et de programme pour l'avenir de l'école (24 mars 2005), par le décret n° 2006-830 du 11 juillet 2006 relatif au socle commun de connaissances et de compétences et par le décret n° 2008-263 du 14 mars 2008, qui accroît la liberté des écoles religieuses dans la façon de dispenser leur enseignement.

2. L'allongement des scolarités

Nécessaire à la réduction des inégalités, l'allongement des scolarités se produit à tous les niveaux : primaire, secondaire, supérieur. ***La mise en évidence du fait qu'un contact précoce avec l'école se trouve être un facteur de réussite,*** car il familiarise l'enfant avec les exigences scolaires, a conduit les pouvoirs publics à créer les infrastructures indispensables au développement de la pré-scolarisation.

Le lycée pour tous. Annoncé en 1985, l'objectif d'amener 80 % d'une classe d'âge au niveau du baccalauréat va se traduire par une orientation moins sélective et par un afflux d'élèves dans les lycées. Depuis le début des années 1960, le nombre des élèves scolarisé dans le second degré a augmenté de 70 %, passant de 3,1 millions à plus de 5,5 millions.

3. De la charte pour bâtir l'école du XXIe siècle, à la réforme de 2009-2010

→ 1999. La réforme Allègre

Elle vise à établir « **une école pour tous** ». Le service public d'éducation doit assurer à chaque élève une scolarité lui permettant d'acquérir, outre les savoirs fondamentaux, les repères et références indispensables à l'exercice de la responsabilité et de la citoyenneté. Le projet consiste en deux points essentiels : ***mieux équilibrer la carte scolaire*** et ***donner le plus à ceux qui en ont le plus besoin.*** Les grands axes de la politique éducative sont la modification des programmes, la relance des projets d'établissement et la redéfinition du statut des enseignants.

Éviter la concurrence. Pour éviter la hiérarchisation jugée excessive entre les établissements scolaires et entre les classes d'un même lycée, c'est-à-dire la ségrégation sociale et les inégalités, les flux d'élèves doivent être régulés, afin d'instaurer, à l'instar de la politique de la ville, la mixité sociale. L'hétérogénéité des classes doit être favorisée : ***« l'hétérogénéité des classes n'est pas un handicap à éviter, mais une richesse qu'il convient d'exploiter ».*** La circulaire n° 98-263 DU du 29.12.1998 précise que « le service public doit s'efforcer d'intégrer tous les enfants, quelles que soient leurs difficultés ou leurs déficiences », par le développement des SEGPA. La carte des options doit être revue afin que certains lycées ne soient pas privilégiés dans ce domaine.

La politique des zones d'éducation prioritaire (Zep). Pour donner davantage à ceux qui en ont le plus besoin, la répartition des moyens doit ***tenir compte des différences de besoins,*** en introduisant un critère social dans la répartition de l'ensemble des moyens alloués aux académies. Dans ce domaine la politique des Zones d'éducation prioritaires (Zep) et des réseaux d'éducation prioritaire (Rep) est tout à fait significative.

Les ZEP ont été créés en juillet 1981 par Alain **Savary**, afin de contribuer à corriger l'inégalité sociale, par le renforcement sélectif de l'action éducative dans les zones où le taux d'échec scolaire est le plus élevé. En 1998, Ségolène Royal annonce en janvier un plan de relance des Zep. En juin 1998 « les réseaux d'éducation prioritaire » (Rep) sont créés. En 2005, il y a 707 ZEP et 809 REP, et 1 700 000 élèves y sont scolarisés, soit un jeune sur cinq environ. En 2008, il y a 254 réseaux ambition-réussite.

→ Les grands axes de la politique éducative

Pour parvenir à mettre en œuvre « l'école du XXIe siècle » *(B.0 hors-série n° 13* du 26 novembre 1998), celle-ci doit évoluer autour de quelques grands axes : la dispense des savoirs fondamentaux, l'aide individualisée, l'éducation à la citoyenneté, l'orientation.

La dispense des savoirs fondamentaux, l'aide individualisée. À partir d'une ***identification des besoins des élèves,*** c'est-à-dire de leurs insuffisances, les enseignants doivent dispenser « ***une pédagogie concrète*** », et les élèves ne doivent pas être enfermés dans des filières.

Ils doivent également bénéficier d'une ***aide individualisée,*** qui doit constituer pour les établissements une préoccupation majeure. ***Les enseignants doivent avoir des « attentes positives » envers leurs élèves,*** afin de constituer un climat propice à leur progression. Pour cela le lycée doit évoluer, il faut réduire le nombre d'heures de cours,

et les enseignants devront consacrer une partie de leurs activités au soutien des élèves en difficulté. ***Tous ces points seront repris dans la réforme Darcos-Chatel de 2009-2010.***
L'éducation à la citoyenneté, l'orientation. En même temps que l'instruction civique apparaît dans les lycées, tous les personnels des établissements scolaires sont appelés à donner l'exemple. ***L'orientation*** doit être conduite dans la transparence, et dans le dialogue de qualité avec les familles.
La redéfinition du statut des enseignants. Certains principes doivent être mis en œuvre : ***« pas de classes sans enseignants », accroissement de la participation des élèves,*** mise en place d'une véritable politique sociale de l'établissement par la gestion de ***fonds sociaux.***

→ La réforme Darcos-Chatel (2009-2010)

Elle reprend les grands axes de la réforme Allègre, en allégeant les horaires, en généralisant le soutien aux élèves, en instituant le tutorat ; deux différences sont cependant notables : la suppression des postes devient systématique, et les enseignants sont invités à améliorer leur pouvoir d'achat en travaillant plus. Ils y sont incités par la « défiscalisation des heures supplémentaires », intégrée à la loi TEPA.

III. Résultats et comparaisons internationales

A– Des résultats mitigés

1. Un allongement des études mais une redistribution négative

Selon l'INSEE (*Tableaux de l'économie française*, 2008), l'allongement des scolarités est avéré, en 1982-1983, 91 % des enfants étaient scolarisés à l'âge de 3 ans, ils sont 100 % en 2005-2006 ; à 16 ans, il y avait 75,5 % de jeunes scolarisés, ils sont 96,6 % en 2005-2006. En 20 ans, le nombre de jeunes scolarisé jusqu'à 18 ans a pratiquement doublé (79,3 % contre 41,7 %). À l'âge de 23 ans, le taux de scolarisation a triplé (8,1 % en 1982, 24,2 % en 2006).
Cependant pour Pierre **Merle** (*La démocratisation de l'enseignement,* La découverte, 2009), ***on assiste à une redistribution négative***, dans la mesure où « *De 1986 à 2006, les 10 % des élèves les moins scolarisés perçoivent, en dépenses d'éducation, un capital passant de 52 078 euros à 83 900 euros, alors que les 10 % des élèves les plus scolarisés bénéficient d'une dépense éducative passant de 99 780 euros à 198 180 euros* » Si l'écart des dépenses éducatives s'est creusé en faveur des plus scolarisés, c'est que leur durée d'étude a plus augmenté que celle des moins scolarisés, et que « *les études supérieures sont plus onéreuses que les premières années auxquelles sont limitées les élèves les moins scolarisés* ».

2. La fin d'un diplôme élitiste mais une « démocratisation ségrégative » de l'accès au au baccalauréat (P. Merle, 2000).

Créé en 1808, ouvert aux filles en 1861, le baccalauréat n'est accessible qu'à 1 % d'une classe d'âge en 1889, deux siècles après sa création deux tiers d'une classe d'âge accèdent à ce diplôme. En 200 ans le taux d'accès au baccalauréat est passé de 1 à 66 %. ***Mais tous les bacs ne se valent pas.*** Pour Pierre Merle, l'étude du recrutement social des différentes séries de 1985 à 2005 montre que ce sont les séries professionnelles, dont le recrutement est le plus populaire qui s'ouvrent socialement davantage, alors que la série scientifique, la plus reconnue et la plus importante numériquement, conserve le même recrutement social.

3. Des universités accessibles au plus grand nombre mais des grandes écoles fréquentées par les milieux aisés

Une université accessible au plus grand nombre. En 1985-1986, au moment où le ministre de l'éducation J.-P. Chevènement lance les « 80 %», les effectifs universitaires sont de 945 000 étudiants dans les Universités et les IUT, en 2009-2010, 1 450 000 environ.

Tableau 3.1. **Évolution des effectifs d'étudiants depuis 1960**

Années	1960-61	1970-71	1980-81	1990-91	2000-01	2009-10
Total ens. sup.	310 000	850 000	1 175 000	1 717 000	2 160 000	2 316 000

d'après le Ministère de l'Éducation nationale

En un peu plus d'un siècle, le nombre d'étudiants a été multiplié par 70, passant de 30 000 en 1890 à plus de deux millions. Dans le même temps, de multiples réformes sont entreprises pour rendre les CPGE (classes préparatoires aux grandes écoles) plus accessibles. Cependant ***la massification déguise et retarde la sélection.***
Pour D. Martuccelli, le mécanisme de formation des inégalités est entré dans l'école au travers des orientations successivement adoptées à chacune des étapes. Les familles possédant le meilleur capital culturel savent trouver les meilleures orientations pour leurs enfants : le statut social obtenu reste fortement dépendant de celui des parents. Les diplômés, plus nombreux, n'ont plus la garantie d'un statut social comparable à celui qui leur était offert dans une période de croissance économique forte.
La massification qui dévalorise l'université, rend plus attractive les grandes écoles, surtout fréquentées par les enfants d'origine aisées. Ainsi 12,5 % des étudiants de Sciences Po sont issus des catégories populaires et moyennes alors que celles-ci représentent 85 % des actifs.

4. Un recul de l'exclusion, une plus forte scolarisation des élèves handicapés, mais un chômage important des jeunes et des non-diplômes et des suppressions de postes.

En 1996, 8 % des élèves ont quitté le système éducatif ***sans qualification***, soit 58 000 jeunes. ***Dix ans plus tard en 2006, ils ne sont plus que 6 %, soit 42 000 jeunes.*** Un jeune sur trois sortait sans qualification en 1965, un sur huit en 1985. « *Aujourd'hui, 10 % des jeunes sortent du système éducatif sans aucun diplôme. Mais la moitié d'entre eux ont une « qualification » au sens de l'éducation nationale ; ce sont ceux qui sortent de dernière année, de BEP, de CAP, ou de classe de terminale et qui ont échoué leur examen. Par conséquent, 95 % des jeunes ont une qualification ou un diplôme* ». (*France, Portrait social,* édition 2009).

Un chômage important des jeunes et des non-diplômés. Le taux de chômage des non diplômés est cinq fois plus élevé que celui des diplômés d'études supérieures, et sur la période récente, il a tendance à croître.

Tableau 3.2. **Taux de chômage selon le diplôme de 1 à 4 ans après la fin des études en 2003 et en 2007**

	2003	2007
Non diplômés	38,30 %	46,60 %
BEPC, CAP ou BEP	20,20 %	24,80 %
Baccalauréat	12,70 %	14,00 %
Dipl. supérieur au bac.	10,00 %	8,90 %
Ensemble	15,70 %	16,20 %

Source INSEE

Dans l'Europe des 27, avec un taux de chômage des jeunes de 22,3 % au 1er trimestre 2009, la France est parmi les pays les plus mal classés (au 19e rang) très loin derrière l'Allemagne (10,5 %), ou les Pays-Bas (6 %). En 2007, selon le centre d'analyse stratégique, le taux de chômage des titulaires d'un doctorat en France était de 10 %.

La scolarisation des élèves handicapés. Dans les lycées, ***depuis la loi du 11 février 2005,*** toute personne handicapée doit pouvoir bénéficier d'un projet personnalisé de scolarisation en étant scolarisé dans l'établissement proche de son domicile. En 2006, 155 400 élèves handicapés sont accueillis, dont 90 % dans l'enseignement public.

Les suppressions de postes. En 2001 et 2002, les créations de postes sont respectivement de 12 801 et de 10 562, mais depuis 2003, les suppressions ont été très nombreuses dans le secteur public d'éducation.

Tableau 3.3. **Évolution des postes d'enseignants**

2003	2004	2005	2006	2007	2008	2009	2010
-1 486	-5 100	-5 783	-200	-8 701	-11 200	-13 500	-16 000

Source *Le Monde*

B– Des comparaisons internationales préoccupantes

1. Une dépense pour l'éducation en baisse

En 2009, la dépense intérieure d'éducation (DIE) atteint 132,1 milliards d'€ (6,9 % du PIB contre 7,6 % en 1993). Elle est financée à 59,2 % par l'État, à 24,6 % par les collectivités territoriales, à 7,9 % par les ménages et à 8,3 % par les entreprises. Les trois quarts de la DIE sont consacrés aux dépenses de personnel.

Tableau 3.4. **Part de la dépense d'éducation dans l'OCDE en 2004 en % du PIB**

Pays	%	Pays	%	Pays	%
1. Islande	8,00 %	**France**	**6,10 %**	19. Pays-Bas	5,10 %
2. États-Unis	7,40 %	Belgique	6,10 %	20. Italie	4,90 %
3. Danemark	7,20 %	12. Pologne	6,00 %	Rép. tchèq	4,90 %
Corée	7,20 %	13. Roy-Uni	5,90 %	22. Slovaquie	4,80 %
5. Nl.-Zélande	6,90 %	Australie	5,90 %	Japon	4,80 %
6. Suède	6,70 %	15. Hongrie	5,60 %	24. Espagne	4,70 %
7. Mexique	6,40 %	16. Portugal	5,40 %	25. Irlande	4,60 %
8. Suisse	6,20 %	17. Autriche	5,40 %	26.Turquie	4,10 %
9. Finlande	6,10 %	18. Allemagne	5,20 %	27. Grèce	3,40 %

Source Eurostat

La France se situe 0,2 point au-dessus de la moyenne des pays de l'OCDE.

2. Des performances médiocres du système scolaire et universitaire

Au niveau européen. Parmi les cinq priorités faisant l'objet d'objectifs chiffrés par le sommet de Lisbonne en 2000, (*France, Portrait social,* éd. 2009, INSEE) :

– La généralisation du second cycle de l'enseignement secondaire : en 2008 la

France arrive en 11e position, sur les 27 pays de l'union européenne, avec 84 % de jeunes de 20 à 24 ans titulaires d'un diplôme du second cycle du secondaire ;
- Jeunes de 18-24 ans sortants précoces : 13e sur 27, avec 13 % ;
- Proportion de jeunes de 15 ans présentant de faibles compétences en lecture en 2006 : avec 22 %, et sur un échantillon de 16 pays européens, la France arrive en 11e position, la Finlande étant située en première position avec moins de 5 % ;
- Proportion d'adultes (25-64 ans) ayant suivi une formation au cours du mois : avec 7 %, la France se classe 15e sur 25.

Au niveau mondial. Le 10 août 2007, ***la loi LRU***, loi relative aux libertés et aux responsabilités des Universités était adoptée, afin de favoriser l'autonomie des universités françaises, totalement achevée au 1er janvier 2012. En 2009, Le classement de Shangaï place la meilleure université française à la 44e place sur 500 universités, le classement 2010 est à peine meilleur.

Conclusion du chapitre :

Premier employeur de France, avec 1,2 million de salariés, le système éducatif français scolarise près de 15 millions d'élèves qui ont une espérance de scolarisation élevée. Depuis le milieu des années 1980, le système s'est donné pour mission d'amener 80 % d'une classe d'âge au niveau du baccalauréat. Cette évolution a été réussie au niveau quantitatif, mais pas au niveau qualitatif. Le pourcentage des bacheliers dépasse 60 % d'une classe d'âge, mais comment interpréter le fait qu'une moitié des diplômés ait une mention : augmentation du niveau ou baisse considérable des exigences ?

L'enseignement supérieur scolarise en 2010 deux fois plus d'étudiants qu'au début des années 1980, mais pour Valérie **Albouy** et Chloé **Tavan** (*Économie et statistique* n° 410, 2007) « L'accès à l'enseignement supérieur en France » connaît « une démocratisation réelle mais de faible ampleur ». La démocratisation concernerait essentiellement les cycles courts du supérieur, le mouvement de démocratisation s'essoufflant pour les diplômes les plus élevés.

Les comparaisons internationales peu favorables aux performances des élèves et la médiocrité du classement des universités françaises, semblent corroborer l'hypothèse la plus pessimiste. Les inégalités se sont reconstruites au travers de l'orientation et du choix des filières prestigieuses. Les diplômes ne donnent pas forcément accès à un emploi, les suppressions de postes d'enseignants (50 000 postes supprimés entre 2007 et 2010) s'amplifient.

Quant au monde enseignant, au niveau des premier et second degrés, il connaît une paupérisation, qui se manifeste par une diminution de près de 40 % de son pouvoir d'achat, depuis le début de la désindexation des traitements des fonctionnaires, sur les prix, en 1983.

4 chapitre

Les politiques de l'emploi

Fortement développées depuis le milieu des années 1970, les politiques concernant l'emploi peuvent s'appréhender à plusieurs niveaux :

À un niveau exhaustif, elles concernent toutes les politiques, y compris macro-économiques, qui ont une incidence sur l'emploi. ***Les politiques pour l'emploi s'appliquent donc sur tous les marchés*** ; dans ce sens la politique industrielle vise à créer des emplois, de même que la politique fiscale.

Dans un sens large, les politiques de l'emploi, comprennent l'ensemble des neuf interventions publiques sur le marché du travail, visant à en corriger les éventuels déséquilibres (voir p. 14)

Pour Christine **Erhel** (*Les politiques de l'emploi*, coll. « Que sais-je ? », PUF, 2009), la définition de l'OCDE, reprise et modifiée en 1998 par Eurostat, est plus restreinte, mais permet des comparaisons internationales. Les politiques de l'emploi sont ***des politiques ciblées*** qui bénéficient à des groupes en difficulté (chômeurs, travailleurs précaires, inactifs souhaitant réintégrer le marché de l'emploi). Elles sont classées en ***mesures actives*** (catégories 1 à 7 : service public de l'emploi, formation professionnelle, rotation dans l'emploi et partage du travail, incitation à l'emploi, emploi protégé et réhabilitation, création directe d'emplois, aides à la création d'entreprises) et ***mesures passives*** (catégories 8 et 9 : maintien et soutien du revenu en cas d'absence d'emploi, préretraites).

Les politiques, qui assurent ***la lutte pour l'emploi et contre le chômage donnent lieu à une mesure financière appelée Dépense pour l'emploi*** (DPE). Elles ont à régler non seulement des problèmes quantitatifs : les problèmes du sous-emploi, et de la précarité, mais également des problèmes qualitatifs de formation de la main-d'œuvre. En effet ***depuis trois décennies,*** dans un contexte général de globalisation et de libéralisation des marchés, la situation sur le marché du travail a changé : ***la relation à l'emploi s'est transformée.***

Pour répondre aux besoins de flexibilité des entreprises, ***les formes particulières d'emploi*** (intérim, CDD, stages, contrats aidés, etc.) et de sous-emploi ***se sont développées*** aux dépens de la forme d'emploi stable. Aussi, dans un contexte de dualisation du marché de l'emploi, les propositions se multiplient pour adapter le marché du travail à cette nouvelle donne, et notamment la flexicurité ou ***« flexi-sécurité »***, flexibilisation partielle du marché du travail, compensée par des garanties supplémentaires octroyées aux salariés. Mais on s'intéresse également ***à la qualité de l'emploi.***

I. Les problèmes à traiter

A– Chômage, sous-emploi, précarité, qualification, formes particulières d'emploi

1. Le chômage

Deux définitions et différentes catégories de chômeurs :
Pour le BIT. Un chômeur est un individu qui appartient à la population active, qui n'a pas d'emploi, et qui en cherche un activement. En novembre 2007, l'INSEE a fait évoluer sa méthodologie pour coller à l'interprétation d'Eurostat. Est « chômeur » une personne en âge de travailler (16 ans ou plus) qui est : sans emploi (ne pas avoir travaillé, même une heure, pendant une semaine de référence) ; à la recherche active d'un emploi ; disponible dans les quinze jours. Pour le BIT, il y avait ***2 691 000 chômeurs en juin 2010.***
Pôle Emploi (ex ANPE) distingue 5 catégories d'inscrits selon que la personne recherche activement ou non un emploi et selon le temps de travail qu'elle a effectué durant le mois précédent. Pôle Emploi publie le nombre d'inscrits dans chaque catégorie sur une base mensuelle, les demandes d'emplois en fin de mois (DEFM) :
Catégorie A : demandeurs d'emploi tenus de faire des actes positifs de recherche d'emploi, sans emploi ; ***2 591 000 en juin 2009***.
Catégorie B : demandeurs d'emploi tenus de faire des actes positifs de recherche d'emploi, ayant exercé une activité réduite courte (de 78 heures ou moins au cours du mois).
Catégorie C : demandeurs d'emploi tenus de faire des actes positifs de recherche d'emploi, ayant exercé une activité réduite longue – de plus de 78 heures au cours du mois – ; (***catégories B et C : inscrits occupés à temps partiel : 1 110 000***).
Catégorie D : demandeurs d'emploi non tenus de rechercher activement un emploi (en raison d'un stage, d'une formation, d'une maladie…).
Catégorie E : demandeurs d'emploi non tenus de rechercher activement un emploi, en emploi – par exemple : bénéficiaires de contrats aidés – (***inscrits ne cherchant pas d'emploi : catégories D et E = 463 000***).

En décembre 2009 ***le Pôle Emploi totalise 4,688 millions*** d'inscrits au chômage toutes catégories confondues et la CGT recense 325 000 chômeurs de plus de 57 ans qui, étant « dispensés de recherche d'emploi », ne figurent dans aucune catégorie. **Évolutions :** Entre 1967 et 2008, le taux de chômage a été multiplié par 3 environ, alors que la ***durée moyenne est passée à 13,9 mois en 2007***.

Tableau 4.1. **Taux de chômage (en % CVS, au 31 décembre)**

Années	Taux	Années	Taux	Années	Taux	Années	Taux
1967	2,50 %	1978	5,70 %	1989	9,00 %	2000	8,90 %
1968	2,50 %	1979	6,20 %	1990	8,90%	2001	8,90%
1969	2,20%	1980	6,80%	1991	9,80%	2002	9,40 %
1970	2,60%	1981	7,90%	1992	10,70%	2003	10,10%
1971	2,80%	1982	8,30%	1993	12,20%	2004	10,00%
1972	2,70%	1983	9,00%	1994	11,70%	2005	9,60%
1973	2,70%	1984	10,20%	1995	11,50%	2006	9,40%
1974	3,40%	1985	10,20%	1996	12,10%	2007	8,00%
1975	4,40%	1986	10,50%	1997	11,80%	2008	7,80%
1976	4,50%	1987	10,30%	1998	11,30%	2009	9,90%
1977	5,10%	1988	9,8,0 %	1999	10,20%	2010	10,70%*

* Prévision

Source INSEE

2. Le sous-emploi

Pour l'INSEE, le sous-emploi comprend les personnes actives occupées au sens du BIT qui travaillent à temps partiel, et qui souhaitent travailler davantage ou à temps complet, mais qui ont travaillé moins que d'habitude en raison notamment du chômage partiel. En 2009 le taux de sous-emploi au 4e trimestre était de 5,5 %, soit environ 1,4 million de personnes, les femmes représentent 85 % du total. En France 3,4 millions de personnes ne travaillent pas mais souhaitent travailler.

3. La précarité

Elle concerne l'emploi temporaire (CDD et intérim). En 1990, l'emploi temporaire représentait 10,6 % de l'emploi salarié, en 2008, 14,2 %. La même évolution se produit en Allemagne où le taux passe de 10,5 % à 14,7 % sur la même période et en Europe où la progression est de 3,7 points, le taux passant de 10,3 à 14 %.

4. La qualification

- **Les diplômés** de l'enseignement supérieur, sont moins touchés par le chômage (5,6 %) que les travailleurs sans diplôme (13,2 %).
- **Les immigrés** ont un taux plus élevé que la moyenne : 22 % en 2007.
- **Les femmes** ont un taux de chômage de 9,9 %, (9,1 % pour les hommes).
- **Les jeunes** ont un taux de 22,6 % en 2006 (9,1 % toute classe d'âge confondue).
- **Les seniors** (les 55-64 ans) ont un taux d'activité très faible : 39,9 %, contre 69,4 % pour les 15-55 ans.
- **Le chômage des cadres** est de 3,3 % en 2007 contre 10,7 % pour les ouvriers.

5. Les formes particulières d'emploi

Les contrats à durée déterminée (CDD), et les contrats d'intérim, l'apprentissage, et les « emplois aidés », ainsi que le travail à temps partiel ont progressé en France au cours de ces dernières décennies, mais restent encore minoritaires, par rapport à l'emploi standard.

Tableau 4.2. **Répartition des emplois en France selon la nature du contrat et la nature du travail en 2005**

Emplois standards (CDI)	Formes particulières d'emploi			
87,70 %	CDD	Intérim	Apprent.	Emplois aidés
	7,00 %	2,20 %	1,30 %	1,70 %
Temps plein	**Temps partiel**			
82,80 %	17,20 %			

Source INSEE

B– Les causes

1. Accroissement et modifications de la population active

Une création d'emplois insuffisante. De 1975 à 2007, la France a gagné 3,5 millions d'emplois, mais la population active a augmenté de 5 millions. Entre 1973 et 2005, la population active totale est passée de 22,1 millions à 25 millions, mais la plus grande partie de ce surcroît d'actifs 2,9 millions est allée gonfler le stock de chômeurs, seulement cinq millions d'emplois ont été créés en 50 ans, soit en moyenne 100 000 emplois par an, 2,7 millions d'emplois ont été créés ces dix dernières années. Examinons l'effet de quatre facteurs dans cette évolution :

- **L'impact de la croissance démographique** se manifeste avec l'arrivée à l'âge actif (15-64 ans) des dernières générations issues du *baby-boom* de l'après-guerre.
- La crainte de pénuries de main-d'œuvre a suscité lors de quatre premiers plans français (1947-1965), **un encouragement à l'immigration** par la mise en place d'actions de prospection. Le nombre d'actifs étrangers (1,5 million en 2007) correspond à une population de 3,5 millions d'étrangers (5,7 % de la population totale). Parmi les 5 millions d'immigrés, quatre sur dix ont acquis la nationalité française par mariage.
- **La part des femmes dans la population active** est passée de 34 % à 47 %.
- **Le recul de la libre entreprise.** Les travailleurs créent de moins en moins leur propre emploi et sollicitent un emploi salarié : le salariat correspond aujourd'hui à 90 % de la population active.

2. Un choc technologique

Une nouvelle phase du développement se met en place, caractérisée par l'essor des industries de haute technologie, la substitution du capital au travail, le remplacement des hommes par les robots. Déjà, à la fin des années 1970, le rapport Simon Nora et Alain Minc (L'informatisation de la société, La Documentation française, 1978) prévoyait la fin de la création d'emplois dans les services et l'élimination de 30 % des travailleurs dans le secteur tertiaire. ***Ce système post-industriel*** dans lequel ***l'informatique et la robotique*** jouent un rôle essentiel, ***rend plus rare la création d'emplois.***

3. La mondialisation

Pour Maurice **Allais** (*La mondialisation – La destruction des emplois et de la croissance*, Éd. Clément Juglar, 1999) : « *Il y a officiellement près de 3 millions de chômeurs en France. En fait, le traitement social du chômage a éliminé des statistiques un nombre à peu près égal de personnes et, finalement* ***le sous-emploi touche de 5 à 6 millions de personnes***. ». Pour le prix Nobel d'économie, les conséquences de cette situation sont graves « *ce sous-emploi massif fausse complètement la répartition des revenus, aggrave les inégalités sociales, tandis que certains s'enrichissent indûment* ». Ce constat est fondé sur « l'évidence empirique ».

Le processus d'ouverture des frontières oblige les pays les plus riches, à baisser leur protection sociale et à adapter leurs structures industrielles en intégrant des productions très capitalistiques qui éliminent la main-d'œuvre peu qualifiée. L'Europe est

particulièrement touchée. Entre 1980 et 2000 : 6,7 millions d'emplois ont été perdus alors que l'Asie développée en gagnait presque l'équivalent (Corée du Sud : + 3,6 millions, Taïwan : + 1,7 million, Japon : + 1,3), et que les États-Unis créaient 400 000 emplois. La France aurait perdu 350 000 emplois (Claude **Vimont**, 1993).
Le rapport de J. **Arthuis** (« Les délocalisations des activités industrielles et des services hors de France », *Problèmes économiques*, n° 2338, 1993) nous dévoile la menace de la délocalisation, qui depuis la fin des années 1980, prend une autre ampleur, ***avec le couplage de l'informatique et des télécommunications*** : trois millions d'emplois sont ainsi appelés à disparaître.
Cette nouvelle phase du développement du progrès technique encourage la délocalisation de certaines activités vers les pays où les coûts salariaux sont moindres. Cependant selon la commission européenne, l'Europe continue de créer plus d'emplois qu'elle n'en détruit. Entre 1977 et 2002, le solde positif s'élève à 30 millions. Par secteur, on constate un gain de 44 millions d'emplois dans les services et une perte d'au moins 7 millions dans l'industrie et de 7,5 millions dans l'agriculture. Mais en France, entre 2000 et 2004, les estimations des pertes d'emploi dans le secteur privé du fait de la mondialisation se situent autour de 0,13 % de perte annuelle (J. **Gautié**, *Le chômage,* coll. « Repères », La Découverte, 2009).

4. Les choix économiques et politiques : leurs conséquences.

Les choix réalisés : spécialisation de l'industrie dans la haute technologie, désinflation compétitive, adhésion à la zone euro, les 35 heures

Le redéploiement industriel. En 1975 la croissance du chômage est attribuée à l'insuffisance de la demande, tant domestique qu'extérieure, du fait d'une dégradation de la compétitivité de l'industrie. Le redéploiement industriel, l'adaptation de l'appareil productif aux nécessités de la concurrence internationale, et les politiques mises en œuvre pour favoriser cette mutation, ont pour objectif à long terme, le rétablissement des grands équilibres : commerce extérieur, prix, emploi. ***Cette politique est présentée comme une réponse à la crise de l'emploi :*** « *L'emploi est lié à la croissance. La croissance est liée à l'équilibre extérieur. L'équilibre extérieur est lié à l'adaptation de notre industrie* » (Michel Albert).
La modalité essentielle est ***la spécialisation dans la haute technologie***, qui permet de fabriquer des produits rares, peu susceptibles d'être concurrencés. Malgré les changements de la politique industrielle faisant alterner nationalisations (1981-1982) et privatisations (1986), politique des créneaux et des filières, l'objectif d'une meilleure insertion dans les échanges internationaux restera toujours prioritaire, mais on peut s'interroger sur les choix effectués en matière de spécialisation.

La désinflation compétitive par la désindexation des salaires. Pour rétablir la profitabilité des entreprises et freiner l'inflation (13,7 % en 1981), le gouvernement a modifié les règles de formation des contrats salariaux, ***en excluant les clauses d'ajustement automatique aux augmentations de prix.*** Ce nouveau mode de fixation des salaires, appliqué en 1983 dans le secteur public, a été repris dans le reste de l'économie.
La progression des salaires a été ralentie. ***La fonction publique a particulièrement été touchée par la désindexation.*** Alors que de 1974 à 1983, l'accroissement des rémunérations du personnel de l'État, absorbait 24 milliards de francs (environ 4 milliards d'euros) par an en moyenne, il a été ramené à six milliards par an depuis 1983 (un milliard d'euros environ). Pour les deux tiers d'entre eux, l'explication est liée à une modification de leurs conditions de travail, à une diminution des primes, ou à un déclassement.
L'adhésion à la zone euro va exacerber les contraintes qui pèsent sur l'économie française, en obligeant au respect des critères de Maastricht : lutte pérenne contre la hausse des prix, et les déficits.
Les 35 heures, vont jouer un rôle dans l'emploi diversement apprécié : pour certains économistes, elles vont créer 350 000 emplois, pour d'autres elles vont, en augmentant le coût du travail, hâter la désindustrialisation.

→ Les conséquences : la mise en place d'un capitalisme actionnarial, la désindustrialisation

La déformation du partage de la valeur ajoutée au détriment des salaires, va favoriser une gestion imprégnée de néo-libéralisme. Avec le néolibéralisme et les nouvelles règles de gestion (promues « gouvernement d'entreprise »), « la création de valeur pour l'actionnaire » a conduit à distribuer des masses considérables de dividendes. ***Les schémas privilégiés vont être la réduction des coûts et les restructurations des groupes.***
La désindustrialisation aboutit à ce que l'industrie française ne représente plus que 16 % de la valeur ajoutée en 2009, contre 30 % pour l'Allemagne. Dans l'industrie française, deux millions d'emplois ont été perdus en 20 ans, dont 500 000 depuis 2000.

II. Les réponses données par la théorie

A– La vision néoclassique

Selon la théorie néoclassique, des salaires trop élevés freinent la création d'emplois. Or les travailleurs exercent une pression à la hausse des salaires et refusent un travail à salaire réduit. Les néoclassiques y voient une cause essentielle du chômage.

1. Le rôle des salaires et des impôts

Jacques **Rueff** (1896-1978) a montré que sur la période 1963-1975, lorsque les salaires augmentent le chômage croît. Il en conclut que ***la baisse des salaires favorise le plein-emploi.*** Le chômage trouverait une cause dans l'action des syndicats, qui obtiennent des conventions collectives fixant un salaire minimum. En effet, la hausse des coûts salariaux, limite l'embauche et accroît le taux de chômage naturel (Milton Friedman). Pour créer de l'emploi, il faut donc baisser les salaires. Or, dans une économie où les liquidités sont raréfiées, les salaires le sont forcément. Aussi faut-il ***réduire la création monétaire,*** laquelle favorise la hausse des prix en suscitant les revendications salariales. Pour les économistes de l'Offre (Arthur **Laffer**, Georges **Gilder**), il faut également ***limiter les déficits budgétaires et la pression fiscale***, afin d'avoir une croissance créatrice d'emplois.

2. Le chômage volontaire

L'équilibre sur le marché de l'emploi se réalise, comme sur les autres marchés, à la rencontre des offres et des demandes d'emplois. Le chômage serait donc une situation volontaire, due au ***refus des travailleurs d'accepter le salaire du marché, jugé trop faible***. Les travailleurs réalisent un ***arbitrage*** (Gary **Becker**) entre travail et loisirs : ils substituent des heures de loisirs à des heures de travail, jusqu'au moment où l'utilité marginale du travail et celle du loisir deviennent égales. S'il devient aussi rentable d'avoir des loisirs que de travailler (en raison d'une fiscalité trop lourde), les travailleurs choisiront de ne pas travailler.
De surcroît l'information sur le marché du travail est imparfaite (G. **Stigler**) : pour disposer de temps nécessaire à la recherche d'un emploi adapté à ses aspirations, on peut choisir le chômage volontaire.

B– La théorie keynesienne

Valable à court terme, la théorie de J.M **Keynes**, qui postule le rôle essentiel de la demande effective, est à l'origine des politiques conjoncturelles de soutien de la demande. Le keynésianisme est devenu une philosophie politique qui ***n'est pas favorable à une baisse des salaires nominaux.***

1. Le chômage involontaire

La *Théorie Générale de l'emploi, de l'intérêt et de la monnaie*, publiée en 1936, (Payot, 1971), a été largement inspirée par la crise de 1929. J.M. Keynes démontre que la flexibilité des salaires ne permet pas d'assurer automatiquement le plein-emploi. Le niveau

de l'emploi se fixe de façon exogène par rapport au marché du travail : ***il dépend de la demande effective*** (la production que les entreprises espèrent pouvoir vendre).
La liaison demande effective-emploi, est la clé de la compréhension du chômage : « *À mesure que la demande effective croît, l'emploi augmente donc, sur la base d'un salaire réel égal ou inférieur au taux existant, jusqu'à ce qu'il ne reste plus de main-d'œuvre disposée à travailler pour le salaire en vigueur* ». Pour Keynes, en cas d'insuffisance de la demande effective, la main-d'œuvre est sous-employée, et il existe des personnes sans emploi qui souhaiteraient travailler pour le salaire existant.
Le capitalisme connaît en règle générale une situation de sous-emploi, à laquelle Keynes préconise de remédier en baissant non pas les salaires nominaux mais les taux d'intérêt. Selon lui, ***il faut stimuler les composantes de la demande effective*** : la consommation (en augmentant les salaires), l'investissement (en baissant les taux d'intérêt), les dépenses de l'État (en subventionnant une politique de grands travaux).

2. Stimuler la demande internationale

Nicholas **Kaldor** (1908-1986) prendra en compte la demande externe provenant de l'ouverture des économies. Les principales variables économiques, commandant l'activité et l'emploi, sont celles qui sont liées aux échanges extérieurs. La plupart des pays, qui doivent ajuster leur demande interne pour empêcher le déficit courant, sont des « ***pays contraints*** ». Les pays non contraints (Pays de l'OPEP en 1975, Chine et Inde en 2010) peuvent ajuster leur demande en fonction uniquement d'objectifs nationaux. Cet auteur est à l'origine de la définition du « carré magique » dont les composantes (emploi, croissance, inflation, déficit extérieur) permettent de visualiser la bonne santé économique d'une nation.

C– Le courant de la synthèse

Les classico-keynésiens (Hicks, Hansen, Don Patinkin, Phillips, Klein, Tobin et Samuelson) présenteront une synthèse de ces deux approches.

1. Choisir la bonne dose d'inflation

A.W. **Phillips** (1958) apportera une réponse à la question de savoir si la baisse du salaire nominal, donc la baisse des prix, est susceptible de favoriser la création d'emplois. ***Si l'on veut plus d'emplois, il faut tolérer davantage d'inflation*** (situation de la plupart des pays industrialisés pendant les « Trente glorieuses ») et inversement, la réduction de l'inflation entraîne une hausse du chômage (Configuration de la France depuis 1982).

Ce lien entre ces deux variables : taux de chômage et taux d'inflation permettra la mise en place de politiques visant à maintenir le plein-emploi. Pour P.A. **Samuelson** (1915-2009), prix Nobel en 1970, il existe différentes combinaisons d'inflation et de chômage, repérables par une courbe de Phillips, et il faut choisir parmi elles, en établissant ***un réglage fin*** (*fine tuning*) de l'économie.

2. Agir sur la demande, les revenus et les taxes

Édmond **Malinvaud**, qui raisonne à partir de deux marchés, le marché des biens et le marché du travail, distingue le chômage keynésien et le chômage classique. ***Les théoriciens du déséquilibre*** préconisent : en cas de chômage keynésien, des remèdes keynésiens, en cas de chômage classique, des solutions néoclassiques.

Dans la situation de chômage keynésien, il y a excès d'offre sur le marché des biens en raison d'une demande insuffisante. Sur le marché du travail, il y a un excès d'offre de travail car les entreprises estiment ne pas pouvoir embaucher (situation de la France au milieu des années 1960). Dans ce cas de figure une augmentation des dépenses de l'État (politique de grands travaux, commandes aux entreprises) pourrait accroître les débouchés des entreprises et la demande des ménages.

En cas de chômage classique : l'offre de travail et la demande de biens sont excédentaires. Les firmes n'emploient pas assez de salariés car elles ne jugent pas rentables de satisfaire la demande. Les salariés subissent les contraintes sur l'ensemble des marchés. Les solutions consistent à flexibiliser la répartition des revenus et à diminuer les impôts et les cotisations payés par les entreprises et les ménages.

D– Les nouveaux théoriciens du marché du travail

Ils analysent : les rigidités, l'incertitude, la segmentation des marchés, l'origine du chômage involontaire.

1. La théorie des contrats implicites

Le fonctionnement du marché du travail connaît des rigidités endogènes qui altèrent la concurrence. La théorie des contrats implicites, liée aux travaux de C. **Azariadis** en 1975, de **Baily** et de **Gordon**, essaie de rendre compte de la rigidité des salaires en montrant que les salariés, en raison de leur aversion pour le risque, préfèrent s'assurer contre l'incertitude portant sur leurs revenus, auprès des entreprises, par des contrats de long terme, qui réduisent la sensibilité des salaires aux fluctuations de la demande. Dans les périodes de conjoncture favorable, les salariés reçoivent un salaire réel inférieur à leur productivité marginale et inversement dans les périodes défavorables.

2. Segmentation, situation d'insider, salaire d'efficience

Un marché du travail segmenté. L'hypothèse s'est développée à partir du milieu des années 1970, avec les travaux de M.-J. **Piore** pour qui, le marché du travail serait divisé en deux fragments : un segment ***primaire,*** qui offrirait des emplois stables, bien (ou relativement bien) payés, ainsi que des perspectives de promotion intéressantes ; un segment ***secondaire,*** dans lequel seraient relégués les pauvres des villes. Le chômage serait alors la résultante de l'existence d'une quasi-rente salariale, que les salariés du secteur primaire peuvent d'autant plus s'approprier, qu'ils bénéficient d'un pouvoir d'*insider d*ans le cadre de négociations salariales. Lionel **Stoléru** suggère l'existence d'un marché du travail fragmenté en trois segments composé des ***inclus***, des ***reclus*** et des ***exclus.***
Le modèle *Insider-Outsider* a été développé par Assar **Lindbeck** et Denis **Snower** dans le milieu des années 1980. Ces auteurs considèrent que les travailleurs installés peuvent être à l'origine du chômage involontaire, de par leur force dans la négociation, par rapport aux chômeurs. L'hypothèse de base est qu'il est coûteux (coûts d'embauche et de licenciement) pour une firme de changer son personnel contre de la main-d'œuvre, provenant du stock de chômeurs.
Le salaire d'efficience, permet d'expliquer la rigidité des salaires et peut servir de fondement théorique à l'analyse du dualisme du marché du travail. L'hypothèse centrale est que la productivité de chaque salarié dépend de son effort, lequel croît avec le salaire qui lui est versé.

3. Le modèle WS-PS (Wage-Setting, Price-Setting)

Introduit par **Layard-Nickell-Jackman** (1991) et approfondi par **Cahuc-Zylberberg** (1999) il constitue un outil précieux pour l'étude des politiques d'emploi. Antoine **d'Autume** en 2001, dans une étude réalisée pour le compte de la direction de la prévision du Ministère de l'économie, utilise une version de ce modèle distinguant travailleurs qualifiés et non qualifiés, pour évaluer l'impact de trois politiques de soutien aux bas revenus : la hausse du SMIC, celle du RMI et la mise en place d'une prime pour l'emploi.

E– La théorie de la régulation

Les théoriciens de la régulation développent une théorie dans laquelle les principes du marxisme et de la théorie keynésienne se mêlent. Dans un ouvrage collectif : *La finance mondialisée* (La découverte, 2004), dirigé par Robert **Boyer** et Pierre **Salama**, plusieurs points de vue sont exprimés.

1. Naissance et développement du néo-libéralisme.

Les mesures de libéralisation et de déréglementation de 1979-1981 ont donné naissance à un système de finance mondialisée, marqué par une succession de crises financières dont la racine se trouve non seulement dans le montant très élevé des créances, mais aussi dans la « course au résultat ». Sous l'effet de **la désintermédiation financière** et de la concurrence des investisseurs institutionnels, les banques comme les sociétés d'assurance sont poussées à prendre de plus en plus de risques. ***Le néo-libéralisme correspond à la réaffirmation du pouvoir de la finance.*** Avec le néolibéralisme et les nouvelles règles de gestion (promues « gouvernement d'entreprise »), « la création de valeur pour l'actionnaire » a conduit à distribuer des masses considérables de dividendes.

Les fonds de pension et les fonds mutuels ont constitué « des acteurs majeurs **du nouveau pouvoir actionnarial** ». Les régimes de retraite par capitalisation ont donné naissance dans les pays anglo-saxons comme les États-Unis, le Canada, le Royaume-Uni ou l'Australie à des « fonds de pension », c'est-à-dire des caisses de retraite séparées des comptes de l'employeur au sein desquelles des réserves financières sont valorisées sur les marchés financiers ; ***ces réserves doivent servir à payer des rentes de retraite aux salariés.***

Les fonds de pension, en externalisant de façon croissante la gestion de leurs avoirs à des gestionnaires spécialisés, exercent une pression forte sur ces derniers pour obtenir un retour élevé sur investissement. Dans beaucoup de pays, ***les investisseurs institutionnels sont devenus les principaux actionnaires des entreprises.*** Ce nouveau pouvoir des investisseurs institutionnels se manifeste par la menace permanente de retrait qu'ils brandissent face aux directions d'entreprise et la possibilité qu'ils ont de s'affranchir de tout engagement financier du jour au lendemain : ***ce pouvoir affirme la primauté des intérêts des actionnaires sur tout autre intérêt.***

2. La fin du capitalisme d'État : l'émergence d'un régime capitaliste mondialisé

Une modification de la régulation économique. Pour Dominique Plihon « Les grandes entreprises fragilisées par la finance (in *La finance mondialisée*, 20 décembre 2004) », ***en se ralliant aux grands principes de la « révolution conservatrice »*** lancée à la fin des années 1970 par Mme Thatcher en Grande-Bretagne et par Ronald Reagan aux États-Unis, ***les gouvernements français successifs,*** comme leurs voisins d'Europe continentale ***ont commencé par modifier la régulation économique.***

La rigueur monétaire et la rigueur salariale ont eu raison de l'inflation, en même temps qu'elles cassaient durablement la croissance, engendraient le chômage de masse et modifiaient le partage salaire-profit en faveur des détenteurs du capital, ce

qui était l'un des objectifs recherchés. Les gouvernements successifs, quelle que soit leur couleur politique, procédèrent au démantèlement de ce capitalisme d'État par des politiques de ***privatisations massives d'entreprises à partir de 1986***.
La France est ainsi passée d'un capitalisme d'État à un capitalisme dominé par la finance internationale. Ce processus est spectaculaire en France, aujourd'hui, le cœur du capitalisme français est dominé par les investisseurs institutionnels, très largement étrangers, qui obéissent à des impératifs essentiellement financiers. ***Les groupes sont amenés à délocaliser ou à fermer des unités productives dégageant des résultats positifs, mais dont la rentabilité est néanmoins jugée insuffisante à l'échelle internationale.*** Une part importante des fermetures d'usines actuelles s'inscrit dans cette nouvelle logique financière particulièrement dévastatrice.

III. La politique de l'emploi depuis 1974

Il existe des différences dans le traitement du chômage, entre les politiques de gauche et de droite. Les premières sont principalement fondées sur une ***extension des emplois publics***, les secondes sur une ***flexibilité accrue du marché de l'emploi et une volonté de réduire l'emploi public.*** Cependant à partir de 2000, ***« la stratégie de Lisbonne »*** va influencer fortement les politiques nationales : on cherche à accroître l'emploi des jeunes et des séniors, à mettre en place la flexi-sécurité et on se préoccupe de la qualité des emplois.

A– 1975-1981. Renforcement de la protection des salariés. Essor des pré-retraites. Pactes pour l'emploi

1. Entre 1974 et 1976 : les débuts du traitement social du chômage

Cette période est marquée par **l'affrontement de deux projets politiques** : la gauche vient de mettre en place « un programme commun de gouvernement », mais celui-ci n'a pas suffi à empêcher l'élection à la présidence de la République de V. Giscard d'Estaing, ancien ministre des finances de Georges Pompidou. Le nombre des demandeurs d'emplois est multiplié par 1,9 : il dépasse les 900 000 à la fin de 1975.
Mais la protection des salariés est accrue (loi du 3 janvier 1975), en cas de possibilité de licenciement, par un rôle renforcé des représentants du personnel et de l'inspection du travail. ***L'indemnisation du chômage devient plus importante*** : les licenciés économiques vont recevoir pendant un an 90 % de leur salaire brut antérieur.
Les stages Granet vont concerner ***un public ayant quitté le système scolaire, sans diplôme***. Ces stages de 1 200 heures assurent à leurs bénéficiaires une rémunération

égale au quart du SMIC. ***Les contrats « emploi-formation »*** (d'une durée minimum de 6 mois) sont ouverts aux ***jeunes de 16 à 25 ans*** : en échange d'une formation l'employeur reçoit une aide financière.

2. 1977-1981 : l'aide au retour, les pactes pour l'emploi

Une « aide au retour » des travailleurs immigrés est instituée en 1977.
Trois « pactes » pour l'emploi », présentant deux caractéristiques (exonérations des cotisations patronales pour l'apprentissage et incitations financières à l'embauche) vont se succéder de juillet 1977 à juillet 1981 et toucher deux millions de jeunes.

B– 1981-1986 : La politique socialiste d'extension des emplois publics

1. 1981-1983 : une politique volontariste

L'alternance politique sera suivie d'**une politique de création d'emplois** dans les administrations publiques (107 000 emplois), et les hôpitaux (35 000). S'y ajoutent des mesures incitatives, comme les primes à la création d'emplois dans les entreprises artisanales (13 000 accordées en 1983).
Le rapport Schwartz (deuxième semestre 1981) consacré à « L'insertion sociale et professionnelle des jeunes » va penser l'insertion en intégrant quatre facteurs : l'emploi, le logement, la santé et les loisirs.
L'ordonnance du 16 janvier 1982 réduit l'horaire légal de travail de 40 heures à ***39 heures,*** et généralise la ***cinquième semaine de congés payés.***
Les mesures en faveur des jeunes proposeront désormais une formation accompagnée d'un suivi individualisé. En 1982, sont institués des dispositifs pour les 16-21 ans (stage d'orientation approfondie et stage de formation alternée) et des stages pour les 18-21 ans (stage de préparation à la vie professionnelle) ; en 1983, ce sont trois formules d'insertion des jeunes sur le marché du travail qui sont créées : les contrats de qualification, les contrats d'adaptation et les stages d'initiation à la vie professionnelle.
Mais la montée des déficits entraîne, en 1982-1983, une inflexion des politiques économiques et sociales : le décret du 24 novembre 1982 va restreindre la durée de versement des prestations chômage.

2. 1984-1986 : priorité à la formation et à l'insertion

En 1984, trois sortes d'actions pour les jeunes, sont menées : la formation en alternance (SIVP), les dispositifs 16-25 ans, les TUC.

La formation en alternance comprend les contrats de qualification et d'adaptation, ainsi que les stages d'initiation à la vie professionnelle (les SIVP), pour les jeunes de 16 à 25 ans.
Les dispositifs 16-25 ans combinent deux types de stages (d'orientation approfondie et de formation alternée).
Créés en 1984, **les travaux d'utilité collective (TUC)** seront supprimés en 1989. Ils sont destinés à des demandeurs d'emploi de moins de 25 ans, qui ont le statut de stagiaire de la formation professionnelle et effectuent, pendant une durée limitée et à mi-temps des tâches d'intérêt collectif dans des associations, des établissements publics ou des administrations.

3. En 1985, la politique d'insertion

Elle prend la forme d'incitations au développement de l'apprentissage. L'accent est mis sur la lutte contre le chômage de longue durée

C– 1986-1988. La première cohabitation (F. Mitterrand, J. Chirac) : accroissement de la flexibilité et diminution des prélèvements

Une flexibilité accrue. En 1986 et 1987 sont mis en place le premier et le second plan d'urgence pour l'emploi des jeunes, mais victorieuse aux élections législatives de 1986, la droite propose, lors de la première cohabitation, d'augmenter la souplesse dans la gestion du personnel :
L'autorisation administrative de licenciement est supprimée par les lois du 3 juillet et du 30 décembre 1986.
Le recours aux contrats à durée déterminée et au travail temporaire est facilité par l'ordonnance du 11 août 1986.
Des incitations financières et un développement de la formation en alternance. Trois ***bassins d'emploi***, zones dans lesquelles les entreprises bénéficient d'une exonération d'impôt sont institués. ***Des contrats de travail avec exonération de charges sociales*** sont créés pour les chômeurs de 26 ans et plus. ***Les contrats de formation en alternance*** vont se développer (loi du 23 juillet 1987). De plus, ***Les TUC*** peuvent désormais durer deux ans.
Les chômeurs de longue durée bénéficieront de plusieurs dispositifs : des stages de formation, des activités d'insertion, des formules de réinsertion en alternance (intégrant des stages de formation professionnelle).

D– 1988-1993. Le deuxième septennat de F. Mitterrand. Priorité à l'insertion et réforme de l'indemnisation du chômage

1. 1988-1991 : RMI et aides à la qualification et à l'emploi des jeunes

En 1988, le **RMI** est institué afin d'assurer aux personnes démunies des ressources suffisantes pour faire face à leurs besoins essentiels. Ce revenu est conçu comme un instrument de lutte contre l'exclusion, les bénéficiaires étant prémunis contre la misère totale en échange de l'engagement de participer aux actions d'insertion qui leur seront proposées. En 1989, ***trois actions spécifiques*** sont menées en direction des jeunes :
Création des CFI (Crédits formation individualisés). Le CFI ouvre un droit à la qualification pour les jeunes de 16 à 25 ans en mettant en œuvre un « ***principe de personnalisation*** », qui respecte les rythmes d'apprentissage. Jusqu'en 1992, le dispositif CFI-jeunes va bénéficier à 420 000 jeunes environ (âgés de plus de 18 ans et majoritairement de sexe féminin).

Remplacement des TUC par les contrats d'emploi solidarité (CES). Les CES, destinés à des jeunes ayant un faible niveau de formation initiale, leur donnent la possibilité d'avoir une expérience de travail dans une collectivité territoriale, une association ou un établissement public national ou local.
Instauration d'une **exonération pour l'embauche de jeunes** sans qualification en contrat à durée indéterminée.

2. 1991-1993 : une réforme de l'indemnisation du chômage

Fin 1991, la mesure « Exo-jeunes » allège les coûts salariaux des entreprises qui offrent aux jeunes des emplois stables. ***Les contrats d'orientation*** (expérience de trois à six mois en entreprise) sont confirmés par la loi du 31 décembre 1991. Ils vont progressivement remplacer les SIVP et donnent droit, selon l'âge du bénéficiaire, à une rémunération qui équivaut à 30 ou 65 % du SMIC. Un contrat local d'orientation est mis en place.
Le 1er janvier 1992 est créée une aide aux emplois familiaux. L'emploi par les ménages d'un salarié à domicile ouvre droit à une réduction d'impôt (de 50 %), dans la limite d'un plafond de 25 000 francs.
Un abattement de 30 % des cotisations patronales de Sécurité sociale est institué en août 1992, pour les ***contrats temps partiel, lorsqu'ils correspondent à une embauche***

nouvelle. Par ailleurs, l'indemnisation du chômage est réformée : l'accord du 18 juillet 1992 crée une ***allocation unique dégressive*** par période 4 mois, après une période de prise en charge à taux plein. L'accord tripartite du 23 juillet 1993 ***durcit les conditions d'indemnisation***, tandis que les cotisations employeurs et salariés sont à nouveau augmentées.

E– 1993-1996. la deuxième cohabitation (F. Mitterrand, É. Balladur), élection de J. Chirac : baisse du coût du travail et encouragement à la réduction du temps de travail

La loi quinquennale relative au travail, à l'emploi et à la formation professionnelle (20 décembre 1993) propose des mesures d'abaissement des charges des employeurs. L'exonération des cotisations patronales d'allocations familiales pour les salaires compris entre 1,1 SMIC et 1,2 SMIC est entrée en vigueur au 1er juillet 1993. La loi quinquennale prévoit une extension jusqu'à 1,6 SMIC.
Après l'élection de Jacques Chirac à la présidence de la République au printemps 1995, les modalités du dispositif de ***baisse des charges sur les bas salaires*** sont modifiées, afin de ***favoriser l'emploi à temps partiel.***
La loi Robien du 11 juin 1996 prévoit un dispositif d'***encouragement à l'aménagement et à la réduction conventionnels du temps de travail*** : un allégement des charges patronales est consenti aux entreprises en échange d'une réduction collective du temps de travail de 10 % au minimum, accompagnée, selon les cas (volet offensif de création d'emplois ou volet défensif de préservation de l'emploi) d'une embauche ou d'un maintien du niveau de l'emploi.

F– 1997-2002. La politique du gouvernement Jospin : création de 350 000 emplois et réduction de la durée du travail

1. La création d'emplois dans le secteur public ou associatif

Le 20 août 1997, la Ministre de l'emploi, Martine Aubry a fait approuver un projet de loi visant à ***créer 350 000 emplois en cinq ans***, dont 150 000 d'ici la fin 1998, emplois ***financés à 80 % par l'État,*** le reste étant à la charge des employeurs : collectivités locales, organismes d'HLM, associations. Les titulaires de ces postes : les moins de 26 ans et les moins de 30 ans qui n'ont jamais travaillé suffisamment longtemps, pour bénéficier d'une allocation de chômage, gagneront le SMIC (quel que soit leur niveau de qualification) et seront ***régis par un contrat de droit privé d'une durée maximale de cinq ans.*** L'application de cette loi s'accompagnera de la création de 22 métiers nouveaux : coordinateur scolaire, aide-éducateur, coordinateur éducatif, etc. Le coût de cette mesure est estimé à 35 milliards de francs sur trois ans.

2. La réduction du temps de travail

La loi du 13 juin 1998 (loi Aubry) prévoit la réduction de la durée légale du travail de ***39 à 35 heures par semaine, en modulant les délais d'application*** : la nouvelle durée du travail s'appliquera à partir du 1er janvier 2000 aux entreprises comptant au moins 20 salariés. Pour les autres entreprises (qui emploient au total près de cinq millions de salariés), la nouvelle législation ne sera applicable qu'au 1er janvier 2002.
Un dispositif d'aides dégressives pour les entreprises qui passent aux 35 heures dès 1998 et embauchent des salariés supplémentaires est mis en place. Ces aides dureront cinq ans.
Une seconde loi complétant celle du 13 juin 1998 sur la réduction de la durée du travail devra être adoptée, concernant notamment ***le régime des heures supplémentaires*** au-dessus du nouveau seuil de 35 heures. Ce projet de loi a été présenté à la presse le 25 juin 1999, et discuté au Parlement à l'automne.

G– 2002-2007. L'influence de l'Europe, assouplissement des lois Aubry ; réforme du régime des retraites, création du CNE et du CPE, contrat de professionnalisation, loi de cohésion sociale

L'influence de la Stratégie européenne pour l'emploi. À partir du début des années 2000, les politiques de l'emploi, vont être beaucoup plus subordonnées aux directives européennes. Le principe d'une coordination européenne est posé dans le cadre de la Stratégie européenne pour l'emploi. Cette coordination s'appuie sur la méthode ouverte de coordination (MOC), coordination souple, les États membres s'accordent sur des lignes directrices, définies annuellement, et qui constituent des objectifs à atteindre : ***plein-emploi, flexibilité et sécurité (le terme flexicurité apparaît véritablement en 2005), qualité de l'emploi, accroissement du taux d'emploi des femmes et des seniors.*** Ces directives vont influencer les politiques nationales.
2003. La loi Fillon de janvier 2003 assouplit les lois Aubry sur les 35 heures en augmentant le contingent d'heures supplémentaires qui passe de 130 à 180 heures par an ; elle n'incite plus les entreprises à réduire le temps de travail. Une réduction des

cotisations patronales accessibles à tous les employeurs, à l'exception de l'État et des collectivités locales est mise en place.
La Loi de 2003 réforme le régime des retraites ***et allonge de fait la durée de travail.***
2004. La loi du 4 mai 2004 crée le contrat de professionnalisation, qui remplace trois dispositifs antérieurs : le contrat de qualification, d'adaptation et d'orientation.
2005. La loi de cohésion sociale de janvier 2005 remplace les dispositifs ciblés existants par quatre mesures principales : ***les contrats d'avenir (CA)*** dans le secteur non marchand ; ***les contrats d'insertion – revenu minimum d'activité (CI-RMA)*** dans le secteur marchand. Ces contrats sont réservés aux allocataires de minimas sociaux. Pour les autres publics ciblés : ***les contrats initiative emploi (CIE)*** dans le secteur marchand ; ***les contrats d'accompagnement dans l'emploi (CAE)*** dans le secteur non marchand. La loi de cohésion sociale crée ***le contrat d'insertion dans la vie sociale (CIVIS)*** qui vise à accompagner les jeunes en difficulté vers l'emploi durable.
La loi Larcher du 31 mars : un accord de branche ou d'entreprise peut permettre aux salariés de faire des « heures choisies » en plus du contingent annuel ou de convertir en argent leur compte épargne-temps ou leurs jours de RTT.
La circulaire du 19 septembre 2005 éditée par le ministère délégué à l'Emploi élargit les attributions des Assedic en leur confiant la tâche d'imposer de nouvelles sanctions pour les chômeurs qui refusent un emploi (ou une action d'insertion).
Création par l'ordonnance n° 2005-893 du 2 août du **Contrat nouvelle embauche (CNE)**. Il s'agit d'un CDI réservé aux entreprises du secteur privé et aux associations de moins de 20 salariés. Pendant deux ans, l'employeur peut rompre le contrat de travail sans motiver sa décision moyennant une indemnité de rupture. La loi n° 2008-596 du 25 juin 2008 abroge le CNE.
Le CPE (contrat premier emploi) est créé et ne sera jamais mis en œuvre.
2006. Signature par les partenaires sociaux en mars 2006 d'un accord créant **un CDD sénior de dix-huit mois** renouvelable pour les personnes de plus de 57 ans. Début de l'expérience de ***profilage.*** Depuis décembre 2006, à l'issue de leur inscription aux Assedic tous les chômeurs sont classés en fonction de leur risque individuel de chômage de longue durée.

H– 2007-2010. Loi TEPA : « Travailler plus pour gagner plus » ; les débuts d'une « flexisécurité » à la française ; les effets du plan de relance

2007. La loi en faveur du travail, de l'emploi et du pouvoir d'achat (TEPA) du 21 août institue des incitations au développement des heures supplémentaires par le biais de leur défiscalisation et d'exonération de charges sociales : la rémunération des heures supplémentaires effectuées au-delà des 35 heures hebdomadaires sera majorée de 25 % et ne sera soumise ni à l'impôt sur le revenu ni aux cotisations sociales salariées et employeurs. Elle vise à redonner du pouvoir d'achat aux salariés en abaissant le coût du travail et en augmentant leur durée du travail, et constitue un nouveau détricotage des lois Aubry.

2008. L'accord national interprofessionnel (ANI) du 11 janvier 2008 *a* été signé par 4 syndicats représentatifs sur Cinq : la CFE-CGC, FO, la CFDT, la CFTC. La CGT n'a pas signé l'accord sur la modernisation du marché du travail, analysé par le MEDEF comme ***un accord qui invente la flexi-sécurité française*** avec de nouveaux mécanismes pour faire baisser durablement le chômage (ex : doublement des indemnités de licenciement). ***Le contrat de projet est institué*** pour privilégier les ruptures « à l'amiable » du contrat de travail.

Le 1er janvier 2008, la contribution Delalande a été supprimée. Elle conduisait, en taxant les licenciements des personnes de plus de 50 ans à un effet pervers : la limitation de l'embauche des personnes de cette catégorie.

La convention du 19 février 2009 a modifié les règles d'indemnisation du chômage. Le salarié involontairement privé d'emploi peut avoir droit (sous condition) à une nouvelle période d'indemnisation.

La loi n° 2008-596 du 25 juin 2008 portant modernisation du marché du travail modifie le Code du travail pour permettre la réalisation de l'accord du 11 janvier.

2009-2010. Un plan de relance de 38,8 milliards d'euros pour stimuler l'investissement et l'emploi. Ce plan a injecté dès 2009, 31 milliards d'euros sous forme principalement de grands travaux (130 000 logements nouveaux, 1 500 chantiers pilotés par l'État) et de subventions aux entreprises (déductions fiscales)

IV. Résultats et comparaisons internationales

Quatre-vingts mesures ont permis d'éviter entre 140 000 et 500 000 chômeurs par an depuis trente ans.

A– Des dépenses pour l'emploi élevées

1. Le montant des dépenses pour l'emploi

La dépense pour l'emploi coûtait à la collectivité 10 milliards de francs en 1973 (0,9 % du PIB), et 305 milliards de francs en 1996 (3,88 % du PIB). En 2006 la dépense pour l'emploi a atteint 56,9 milliards d'euros. *Si l'on inclut les allègements généraux de cotisations sociales, prévus par les lois Robien Aubry, Fillon,* ***l'effort en faveur de l'emploi, devient plus important, il atteignait 76,4 milliards d'euros, soit 4,2 % du PIB en 2006. La dépense pour l'emploi comprend les dépenses passives (indemnités de chômage et le financement des cessations anticipées d'activité)*** *et les dépenses actives : formation professionnelle (Fpc), promotion de l'emploi et exonérations non compensées.*

2. Les dépenses passives : l'indemnisation du chômage en baisse

Avec 27,7 milliards d'euros ***les dépenses passives d'indemnisation du chômage représentaient la moitié*** environ de cette dépense. ***Depuis le développement du chômage à la fin des années 1970, l'indemnisation des chômeurs est devenue de moins en moins généreuse.*** La durée maximale d'indemnisation était de 36 mois. Elle est passée à 30 mois en 1984 et à 23 en 2001. Il y avait près de 2,5 millions de chômeurs indemnisés au début 2010, et ***les retraits d'activité***, étaient au nombre de 418 000 : ***35 000 pour les préretraites*** et 383 000 pour les dispenses de recherche d'emploi.

3. Les publics concernés par les dépenses actives

Ils étaient en 2007, près de deux millions à avoir bénéficié de ***contrats aidés : 1 139 000 dans l'emploi marchand aidé*** (contrats jeunes en entreprise, contrat initiative emploi, CI-RMA, aides à la création d'entreprise et contrats en alternance), ***249 000 dans l'emploi non marchand aidé*** (contrat d'accompagnement dans l'emploi, et contrats d'avenir). ***La formation des demandeurs d'emploi*** a concerné 240 000 personnes,

B– Le chômage dans l'Union européenne en 2010

La crise a effacé la croissance de l'emploi obtenue depuis 2000 (9,7 millions d'emplois nouveaux entre 2005 et 2008). Les hommes, les jeunes, les moins qualifiés et les travailleurs temporaires ont été le plus durement touchés. Plus de quatre millions d'emplois ont été détruits ***et l'Europe devrait encore perdre sept millions d'emplois en 2009 et 2010,*** et le chômage pourrait franchir le seuil des 10 % d'ici à 2010. La réduction du temps de travail et d'autres dispositifs ont permis d'amortir le choc. L'édition 2009 du rapport annuel « L'emploi en Europe » s'interroge sur les mouvements sur le marché du travail (entrées, sorties, transitions) : « partant des principes de flexisécurité, il semble s'indiquer de protéger les travailleurs et de les inciter à entreprendre les « bonnes transitions » dans le marché du travail, plutôt que de préserver des postes de travail particuliers ».

Tableau 4.3. **Taux de chômage en janvier 2010, données corrigées des variations saisonnières**

Pays	Taux de chômage	Pays	Taux de chômage
1. Pays-Bas	4,20 %	15. Pologne	8,90 %
2. Autriche	5,30 %	16. Finlande	9,00 %
3. Luxembourg	5,90 %	17. Suède	9,10 %
4. Chypre	6,20 %	UE27	9,50 %
5. Slovénie	6,80 %	18. Grèce (EL)	9,70 %
6. Malte	7,00 %	**19. France**	10,10 %
7. Roumanie	7,20 %	20. Portugal	10,50 %
8. Danemark	7,30 %	21. Hongrie	11,10 %
9. Allemagne	7,50 %	22. Slovaquie	13,70 %
10. Grande-Bretagne	7,80 %	23. Irlande	13,80 %
11. Belgique	8,00 %	24. Lituanie	14,60 %
12. Bulgarie	8,10 %	25. Estonie	15,50 %
13. Tchécoslovaquie	8,20 %	26. Espagne	18,80 %
14. Italie	8,60 %	27. Lettonie	22,90 %

Source Eurostat, mars 2010

Conclusion du chapitre :

Malgré l'importance des moyens mis en œuvre, les problèmes de chômage, de sous-emploi et de précarité demeurent centraux. Pour Christine **Erhel** : « *en Europe, les tendances de réponse des politiques de l'emploi face à la crise s'inscrivent dans la continuité des réformes antérieures, et en particulier des tendances à l'activation des politiques de l'emploi ; mais le principal écueil est la segmentation du marché du travail qui écarte des mesures proposées les publics les plus fragiles (jeunes, non qualifiés, immigrants) ; il semble donc nécessaire de relancer le débat sur les composantes du "modèle social européen"* ».

5 chapitre

Les politiques du logement et de la ville

Depuis la fin de la Seconde Guerre mondiale, des millions de logements (dans le parc privé et social) ont été construits, les aides de l'État (aux locataires, aux accédants à la propriété et aux producteurs de logements), sont conséquentes (7,71 milliards d'euros en 2010 pour la politique de la ville et le logement), et pourtant la crise est manifeste. Un nombre élevé d'habitants (les plus pauvres et les plus jeunes) ne trouve pas à se loger, à Paris et dans quelques grandes villes. Les logements sociaux sont difficiles à obtenir mais, paradoxalement, un grand nombre d'entre eux se trouvent désertés.

La crise du logement est avant tout celle du logement social. Elle génère une crise urbaine qui rend nécessaires les politiques de la ville. Mais elle touche également les ménages du parc privé. Le mécontentement de millions de locataires devant la cherté des logements, l'insécurité, le bruit et le surpeuplement s'amplifie. ***La crise du logement est en réalité celle du logement abordable*** et elle concerne la grande majorité des Français.

I. La situation du logement et la crise urbaine

A– La crise du logement

1. L'état du parc

En 2009, selon l'INSEE, le nombre total de logements est de 33 millions en France (Métropole et DOM). Les résidences principales (plus de 27,8 millions) constituent l'essentiel du parc (84 %), les résidences secondaires 10 %. Un peu plus de 6 % sont des logements vacants. Selon « Les synthèses du rapport 2010 sur l'état du

mal-logement en France » de la fondation l'abbé Pierre, entre 1970 et 2006, la surface disponible par personne a presque doublé (de 22 m^2 à 40 m^2).
Mais en 2007, près de 53 % des ménages ont des difficultés de logement parmi les neuf suivantes : surpeuplement, absence de salle de bains, pas de toilettes, absence d'eau chaude, pas de chauffage, logement trop petit, difficulté à chauffer, logement humide, logement bruyant. ***4,3 millions de logements se trouvent dans le parc locatif social.*** Ce parc est relativement ancien : deux tiers des logements ont été mis en service avant 1977 plus de 334 000 d'entre eux datent d'avant 1949. ***De plus l'habitat social est entaché d'une image négative.***

2. Les chiffres du mal logement

La France compte 3,5 millions de personnes non ou mal logées, auxquelles s'ajoutent 6,6 millions de personnes en situation de réelle fragilité de logement.

Tableau 5.1. **L'état du mal logement en France rapport annuel 2010, Fondation abbé Pierre**

Personnes non ou très mal logées	
Sans-domicile-fixe	**100 000**
Personnes privées de domicile personnel	**509 140**
– dont résidence principale en chambre d'hôtel – dont habitat de fortune : cabane, construction provisoire… – dont personnes vivant à l'année en camping ou en mobil-home… – dont personnes hébergées chez des tiers faute d'autres solutions qui vivent dans des conditions de logement très difficiles – dont personnes en structures d'hébergement et d'insertion…	50 000 41 400 100 000 150 000 167 740
Personnes vivant dans des conditions de logement très difficiles (ex : surpeuplement, logements inconfortables…)	**2 044 000**
Personnes en situation d'occupation précaire – dont locataires ou sous-locataires d'un meublé – dont personnes occupant un logement sans droit ni titre (87 900 ménages)	**860 050** 640 300 219 750
Total	**3 513 190**

Personnes en situation de réelle fragilité à court ou moyen terme	
Logements en copropriétés dégradées nécessitant une intervention publique (350 000 logements)	875 000

Personnes en situation de réelle fragilité à court ou moyen terme	
Personnes en situation d'impayés – dont locataires en impayés de loyer (494 800 ménages) – dont propriétaires en impayés de charges ou de remboursement d'emprunt (70 000 ménages)	1 412 000 1 237 000 175 000
Personnes vivant en situation de surpeuplement « au sens large »	3 507 000
Personnes hébergées chez des tiers (amis ou famille) hors hébergés qui vivent dans des conditions de logement très difficiles	823 000
Total	**6 617 000**

L'état du mal logement en France concerne plus de dix millions de personnes.

3. Les causes

Les difficultés d'accès au logement : l'insuffisance de l'offre. Une enquête Nexity TNS Sofres (*Les Français, le logement et la crise de l'immobilier*, janvier 2009), montre que 80 % des Français estiment qu'il est difficile de trouver un logement, et parmi eux 37 % jugent l'accès au logement « très difficile ». Cette situation concerne chaque année environ trois millions de ménages accédants à la propriété, ou locataires, auxquels il faut ajouter 1,2 million de demandeurs de logements sociaux ainsi que les nombreuses personnes en situation précaire. ***Cette difficulté s'explique par l'insuffisance de l'offre.***

Pour Michel **Mouillart**, l'insuffisance de la construction devrait représenter au minimum 150 000 logements pour les seules années 2008 et 2009, portant ***le déficit global à 900 000 logements.***

Les difficultés à se maintenir dans le logement. Elles proviennent de la crise et de son influence sur le statut d'occupation, du coût du logement, et de la progression des dépenses contraintes.

Crise et statut d'occupation : Les ménages peu fortunés sont de moins en moins propriétaires, de 47 % en 1984, à 39 % en 2006 pour les ménages du 1er quartile de la distribution des revenus. Les ménages les plus modestes sont plus fréquemment locataires du parc public ou privé, en 2006 que vingt ans plus tôt : 56 % en 2006 contre 41 % en 1984 (Maxime **Chodorge**, « La paupérisation des locataires HLM en France depuis vingt ans », *Habitat et société* n° 55, septembre 2009).

La dépense moyenne engagée par les ménages pour se loger atteint 9 700 euros par an en 2007, contre 7 890 euros en 2002. Cette augmentation de 23 % est supérieure à celle des prix à la consommation. Dans le secteur locatif privé la hausse est de 32 %. Elle est due à la progression des charges de remboursement d'emprunt et de loyers, mais

également à l'augmentation très rapide des charges (+ 19 % entre 2001 et 2007). **Les charges de chauffage** qui représentent près de 40 % du total des charges, progressent fortement : ***3,4 millions de ménages sont touchés par une précarité énergétique*** (leur taux d'effort énergétique est supérieur à 10 %, pour une moyenne nationale de 5,5 %).
Les dépenses contraintes liées au logement et à son occupation : logement, eau, gaz, électricité, frais d'assurance, téléphone, frais financiers représentaient 21 % du budget des classes moyennes inférieures en 1979, contre ***38 % en 2009***.
La paupérisation du logement social. Pour avoir droit à une HLM, il faut en 2009 avoir des ressources inférieures à 1 761 euros par mois pour une personne seule en province ou moins de 2 351 euros par mois pour un couple sans enfant. Mais le logement social connaît trois problèmes essentiels : surpeuplement, accueil de populations insolvables, incivilités.
Le surpeuplement. Au moins un dixième du parc est en situation de surpeuplement relative. Cette situation s'explique en partie par la faible mobilité qui règne dans le milieu des HLM.
L'accueil de populations insolvables. Le parc social accueille de plus en plus de « ***cas sociaux*** » qui ne vivent que grâce aux aides que la collectivité leur accorde. Les candidats sont choisis par une commission, mais le Préfet dispose d'un contingent de réservation et le maire de la commune peut présenter la candidature des personnes sans logement. 66 % des locataires du parc social ont des ressources inférieures à 60 % du plafond des ressources au-dessous desquels l'accès au parc social est possible.
Le manque de moyens financiers a des conséquences. ***Cette situation, qui tarit les ressources des organismes qui gèrent les HLM,*** conduit à la dégradation du cadre de vie car les dépenses d'entretien sont moins assurées, elle alimente l'incivisme. Autre conséquence : le recul de la mixité sociale, car cette situation conduit au départ des classes moyennes. Un nombre important de logements dans le parc social seraient vacants, désertés par leurs anciens occupants.
Une mobilité résidentielle limitée. À cela plusieurs causes. ***La disparition du « parc social de fait »***, (Jean-Claude **Driant**, *Les politiques du logement en France*, La Documentation française, janvier 2010) diminue les possibilités de se reloger avec de faibles ressources. « Le parc social de fait » est constitué par les logements soumis à la loi de 1948, par rapport « au parc social de droit » : les logements sociaux. L'amélioration continue du confort de ces logements a eu pour contrepartie leur sortie progressive de la loi de 1948, qui permettait de se loger dans des appartements, qui parce qu'ils ne possédaient pas tout le confort étaient loués à « la surface corrigé », un indicateur qui fixait le prix en fonction de la surface habitable. En 1984, plus de trois millions de logements constituaient un « parc à très bas loyer ». Ce parc ne comprend plus que 800 000 logements. Plusieurs autres facteurs (crise de solvabilité, coût élevé

des appartements) vont fixer une partie de la population dans le parc social, qui se dégrade sous l'influence de la paupérisation d'une partie de ses habitants.

B– La crise urbaine

La dégradation du logement social est souvent l'apanage de certaines communes suburbaines, qui concentrent fortement ce type d'habitat. Une crise urbaine en est résultée qui concerne l'habitat, l'environnement, le transport, l'école et qui trouve en partie son origine, dans la crise du logement et de l'emploi.

1. Les troubles urbains

L'indicateur national des violences urbaines (INVU). La grande majorité des violences urbaines recensées concerne des incendies (de véhicules (45 588), de poubelles (30 040), de biens publics (6 996). Suivent les jets de projectiles (9 063), les dégradations de mobilier urbain (7 893), les violences collectives à l'encontre des services de sécurité, de secours et de santé (5 143), les rodéos automobiles (4 735), les affrontements entre bandes (435) et les occupations de halls d'immeubles (313)). Ces neuf rubriques composent l'INVU mis en place par la Direction générale de la police nationale (DGPN) depuis le 1er janvier 2006.
Les troubles urbains tels qu'ils sont recensés ne représentent qu'une faible partie de la délinquance (environ 2 %). L'Observatoire national de la délinquance (OND) fait état de 110 206 faits de « violences urbaines » en 2005, dont plus d'un cinquième (23 851), lors des émeutes de novembre. Près de 5 % de la population française âgée de plus de 14 ans, soit 2,425 millions de personnes, disent avoir été agressées verbalement ou physiquement. Mais seule une minorité de ces faits est suivie d'une plainte. Sur les 2,425 millions de personnes concernées (4,9 % de la population), 488 000 ont subi quatre agressions ou plus.

2. Populations et territoires concernés

Responsables et victimes. Les troubles urbains sont le plus souvent le fait de jeunes garçons de moins de 23 ans qui exercent également leurs actions près des écoles et en milieu scolaire. Cette violence est difficile à résorber car elle s'alimente par ***une économie souterraine illicite*** qui rend attractive, les gains des vols, du racket ou de la revente de drogue. Environ 5 % des quinze/vingt-neuf ans seraient, selon les études de criminologie, responsables de 50 % des crimes et délits commis par ce groupe d'âges. Mais il y a également des délits plus graves, qui ont donné lieu à des procès retentissants comme celui de Villiers-le-Bel, en juin 2010.

Cette violence de quelques-uns se retourne contre tous les habitants de ces quartiers, et principalement les personnes les plus fragiles : les femmes victimes de violences, les enfants qui subissent le racket, les personnes âgées victimes de vols, les personnes handicapées que l'on insulte. Mais elle frappe aussi les personnes qui y travaillent : des commerçants, des fonctionnaires (policiers, enseignants, postiers) chargés d'assurer le bon fonctionnement des services publics et aussi des conducteurs et contrôleurs de bus, victimes d'incivilités et d'agressions.

Une géographie des précarités urbaines. En 1996, pour Emmanuel Édou [*Le logement en France*, Economica, 1996] ***quatre millions de personnes résidaient dans 1 300 quartiers en difficulté*** et on estimait à 560 000, soit 16 % du parc total HLM, le nombre de logements situés dans de tels quartiers. En 2010, Claude **Chaline** (*Les politiques de la ville*, PUF, 2010) recense 4,7 millions de personnes concernées par ces troubles, répartis dans 751 territoires classés en Zones urbaines Sensibles (ZUS). Les communes concernées se répartissent en 490 communes, en majorité des villes moyennes, 121 d'entre elles ont plus de 40 % de leur parc immobilier en logements sociaux, et 57,4 % des ménages des ZUS ne sont pas assujettis à l'impôt sur le revenu : « *Ces zones sensibles, qui déterminent une véritable « géographie prioritaire » caractérisent environ 106 agglomérations en province, avec de fortes concentrations dans le Nord-Pas de Calais et l'on en dénombre* ***157 dans la seule région Île-de-France*** ainsi *que 34 dans les DOM* ».

Un exemple significatif : les émeutes de 2005 dans les banlieues françaises. Les violences urbaines ont commencé à Clichy-sous-Bois le 27 octobre 2005. L'état d'urgence a été déclaré le 8 novembre 2005, puis prolongé pour une durée de 3 semaines. Selon la direction générale de la police nationale, (DIGPN), pendant ces trois semaines de violences urbaines (les plus importantes depuis mai 1968, et sans équivalent en Europe), 9 071 véhicules, des dizaines d'édifices publics, écoles, gymnases, entrepôts, commerces, médiathèques ont été incendiés. 11 000 policiers ont été mobilisés, 2 921 fauteurs de troubles présumés ont été interpellés, dont un gros tiers de mineurs. 126 policiers et gendarmes ont été blessés. Environ ***600 personnes ont été écrouées, dont un peu plus d'une centaine de mineurs.*** Les assureurs évaluaient les dégâts à 200 millions d'euros.

3. Les causes de la crise urbaine

Aux causes « classiques » (le chômage, la pauvreté, la crise du logement), qui peuvent expliquer le malaise urbain, s'ajoutent des débats relatifs à l'urbanisme réducteur, à la perte de repères familiaux et civiques, aux difficultés d'intégration de populations marginalisées.

4. Un urbanisme pathogène

La suprématie de l'urbain sur le rural se manifeste par des concentrations de populations très fortes dont les scientifiques ont montré le caractère pathogène. (L'immense agglomération parisienne totalise 9,79 millions d'habitants). Pour Desmond **Morris** (*Le zoo humain*, Grasset 1970), la ville est un univers concentrationnaire : « *(...) dans leur habitat naturel, les animaux sauvages ne se mutilent pas (...) n'attaquent pas leur progéniture, (...) et ne commettent pas de meurtres. Chez les humains citadins, inutile de dire que tout cela se produit. (...) D'autres animaux ont (...) ce comportement (...) lorsqu'ils sont victimes des conditions anormales qu'impose la captivité (...) Il est dès lors évident que la ville n'est pas une jungle de béton, mais un zoo humain* ».

Certains psycho-sociologues ont développé un modèle négatif de la ville et du milieu urbain fondé sur des relations anonymes, la solitude dans la masse, l'agressivité des rapports humains, et la criminalité croissante. Mais ce débat doit prendre en compte **quatre éléments** : l'éloignement, l'architecture, l'insuffisance des équipements collectifs, l'urbanisme.

L'éloignement. Les quartiers en difficulté sont souvent plus proches des limites de l'agglomération que du centre-ville.

L'architecture est le deuxième grief instruit contre les grands ensembles, il en est ainsi de l'allongement démesuré de certains immeubles-barres (cf. avant leur démolition, les 62 tours identiques des Minguettes).

La faiblesse des équipements collectifs et de la vie associative : crèches, hôpitaux, commissariats, aires de jeux, terrains de sports, associations, est un autre élément du débat.

L'urbanisme peut être caractérisé comme « la science de l'organisation de l'espace urbain », et les conceptions qui ont présidé à la création des grands ensembles sont issues de l'urbanisme moderne international. Alors que l'urbanisme américain, sous l'impulsion de Frank Lloyd Wright choisit le lotissement périphérique garni de petites maisons individuelles, Le Corbusier (1887-1965) érige, dans la conception ***d'un urbanisme de masse*** qui prévaut, en grande partie pour des raisons financières, ***en Europe continentale et en Union Soviétique, des cités et des grands ensembles.***

Mais les premiers grands ensembles sont des caricatures des préceptes urbanistiques modernes : « *Ils ont d'ailleurs été très souvent conçus par des urbanistes et des architectes hostiles au mouvement moderne, qui ont cependant trouvé commode et rentable de faire semblant d'épouser les thèses modernistes, pour se prétendre autoriser à entasser les gens dans des silos informes, à répéter jusqu'au vertige les mêmes cellules et cages d'escalier, à implanter ces tours et ces barres au milieu des champs de betteraves sans desserte ni équipement (...)* » (Jean-François **Tribillon**, *L'urbanisme*, La Découverte, 1 990).

5. La perte de repères familiaux et civiques

Dans un rapport, déjà ancien mais qui posait les termes du débat, (rapport présenté au Ministre de l'emploi et de la solidarité par Jean-Pierre **Sueur,** *Demain la ville*, 1998), un certain nombre de personnalités du monde associatif ont été auditionnés. La violence des jeunes n'est pas un phénomène nouveau, mais ce qui est nouveau (et préoccupant) c'est : ***l'absence d'intégration par les plus jeunes de limites à ne pas dépasser et la décrédibilisation des adultes dans leur fonction traditionnelle de régulation de la violence des jeunes.***

À cela il semble y avoir trois explications :

1. **Les parents sont au chômage** et le jeune étant le seul auquel on demande de travailler (à l'école, par exemple), en retire une position de toute puissance. Cette toute puissance se retrouve d'ailleurs dans d'autres structures, à l'école et devant la justice : « *Il faut cesser d'installer les enfants de 10-13 ans dans une logique de toute puissance. Les juges ne sont plus crédibles face aux enfants de 14 ans parce qu'ils ne sont pas crédibles devant ceux de 10 ans. Si on se contente de dire la première fois que cela n'est pas très grave et qu'il ne faut pas recommencer, on a perdu. La pertinence de la première réponse est essentielle* ». (*Demain la ville,* Rapport Sueur, 1998).
2. **Le « modèle du tricheur » :** « *Le leader de l'économie parallèle est le seul qui réussisse, et ce n'est pas celui qui suit les conseils de ses parents* ».
3. **La « gestion institutionnelle des conflits » est décrédibilisée :** « *Il n'y a plus de différence entre les institutions et les habitants, plus de mise à distance : tout fonctionne à l'affectif* ».

6. La concentration de familles « en difficulté »

L'accumulation dans les quartiers en difficulté de familles « sensibles » cumulant un certain nombre de handicaps : manque d'emploi, de ressources, et de codes culturels favorisant l'insertion, est un problème qui s'explique par la persistance de la crise et du chômage, et la poursuite de flux migratoires (licites et illicites) importants qui ont, non seulement accru les phénomènes d'exclusion, mais rendu impossible toute promotion sociale. Et si les populations victimes d'une crise du logement sont les chômeurs, il y a également les jeunes qui, faute de pouvoir se loger ou d'espérer une promotion par l'école n'ont pour tout habitat que le logement parental ou les foyers pour jeunes. Il y a aussi toutes les personnes légèrement handicapées et qui ne trouvent plus aujourd'hui refuge dans les solidarités traditionnelles (celles du village, de la famille).

À ces catégories vulnérables s'ajoutent **les familles monoparentales**, les personnes âgées et les familles en difficulté. Les étrangers, les immigrés, sont particulièrement concernés. 20,7 % des locataires des logements sociaux sont chômeurs, contre 10 % pour la moyenne nationale dans l'enquête Emploi 2000 : « *Si les ressources des ménages logés dans les HLM sont faibles, leurs situations sociales et familiales sont extrêmement précaires et vulnérables. (…)* ***les familles monoparentales représentent 17 % des ménages des HLM,*** *alors qu'elles ne sont que 6 % sur l'ensemble des ménages. Autrement dit cela signifie que 36 % des familles monoparentales vivent dans le parc HLM.* » (Jean-Marc Stébé, *Le Logement social en France,* PUF, 2009).

II. Les politiques du logement et de la ville

A– La politique du logement

1. Les différentes formes de la politique du logement

La politique du logement revêt trois formes : la politique foncière, les aides, la réglementation des rapports entre propriétaires bailleurs et locataires.

➜ Politique foncière et logements sociaux

La cherté des terrains à bâtir explique la localisation du logement social. Les terrains éloignés du centre sont d'autant moins coûteux, qu'ils sont mal reliés au reste de l'agglomération, mais mobilisables pour une urbanisation rapide.

L'acquisition de terrains à bâtir. Le prix du terrain compte souvent pour près de moitié dans la valeur du logement. Or, du fait d'un phénomène de rétention des terrains, en raison de la spéculation, la transformation annuelle de 20 000 hectares en terrain à bâtir est difficile. ***Quatre types de solutions*** existent pour accroître la superficie nécessaire à la construction de logements (Roger **Saint-Alary**, « Politique du logement » Encyclopaedia Universalis, 1997) : la constitution de réserves foncières, l'expropriation, la préemption, et l'imposition.

L'acquisition des terrains par les communes a été très utilisée par des villes étrangères comme Stockholm en Suède, ou La Haye aux Pays-Bas. ***Le droit de préemption*** qui permet à la puissance publique d'acquérir des terrains, afin de les rétrocéder à un constructeur joue dans certaines zones particulières (« zones à urbaniser en priorité », « zones de rénovation urbaine », « zones d'aménagement concerté », « zones d'aménagement différé »). Cette acquisition peut prendre la voie d'un accord à l'amiable ou d'***une expropriation. La solution fiscale*** qui consiste à taxer les terrains non utilisés pour les constructions peut aboutir à des effets pervers comme la loi du 14 décembre

1963, qui, taxant les plus-values foncières, a accru le prix de vente des terrains, les propriétaires ayant répercuté la hausse de l'impôt sur leur prix de vente.
La loi SRU de 2000, fait obligation d'un pourcentage de 20 % de logements sociaux dans les communes de plus de 3 500 habitants (1 500 en Île-de-France). Et actuellement les établissements publics fonciers, chargés de réaliser des opérations foncières, se multiplient.

➜ Le parc des logements sociaux

Les chiffres. Pour Jean-Marc **Stébé** « *Les logements de ce parc, dans lesquels vivent près de 10 millions de personnes (soit plus de 17 % des ménages) représentent 42 % des 10,3 millions de résidences principales mises en location. (...), soit plus de 4 millions de logements* ».
Les grands ensembles. Les 2/3 du parc locatif public sont situés dans des agglomérations de plus de 100 000 habitants. Le nombre de logements locatifs sociaux est passé de 300 000 à plus de 3 000 000 de 1954 à 1982, 50 % ont été construits entre 1963 et 1977, car il fallait construire vite pour répondre aux besoins. Cette rapidité explique les choix en matière de construction, c'est-à-dire les grands ensembles : ***ZUP et cités dortoirs***. La grande masse des 2 150 000 logements construits entre 1955 et 1975 (57 % du parc HLM) est constitutée par les logements des grands ensembles concentrés sur des ZUP (zones à urbaniser par priorité), à la périphérie des villes existantes, mal reliés au centre et concentrant 100, 200, 500 voire 1 000 logements dans le même groupe immobilier.
La rénovation. Ces cités comprennent des HLM ordinaires (HLM/O), mais aussi des programmes sociaux de relogement (PSR) ou des programmes à loyer réduit (PLR) construit avec des coûts de construction très bas (12 % des logements construits à l'époque ont été réservés aux familles aux ressources modestes et aux familles de travailleurs immigrés). Délabrés, ils posent des problèmes sociaux nombreux.
De 1976 à 1981, on assiste au renouveau de la maison individuelle. Les groupes de 500 logements disparaissent au profit des groupes à taille humaine (10 à 50 logements) et des logements individuels. Les maisons individuelles, depuis 1990, représentent 25 % des locations.
De 1981 à 1995 on restaure et on tente de réhabiliter le parc social construit avant 1975, et qui présentait 3 défauts majeurs : manque d'isolation acoustique, surpeuplement, localisation.
L'accession à la propriété. 140 000 logements seront proposés à la vente entre 2008 et 2010. 60 % des lots vendus sont des maisons individuelles. La part des maisons individuelles dans l'habitat social s'élève à 13 % environ, mais seulement 3 % en Ile de France.

2. Les aides

Les trois principales aides de l'État sont l'aide à la pierre, l'aide à la personne et les déductions et exonérations fiscales.

L'aide à la pierre. C'est l'ensemble des aides accordées par l'État et qui sont destinées à ***favoriser l'investissement immobilier sous forme de prêts aidés ou de primes.*** On distingue :

Le système d'épargne logement. Deux formules sont proposées : le compte d'épargne logement (CEL) qui permet d'emprunter au terme d'une phase préalable d'épargne de 18 mois seulement ; le plan d'épargne logement (PEL) qui nécessite une phase préalable d'épargne de 4 ans. Le taux d'intérêt est de 4,5 % pour les PEL ouverts depuis le 1er juillet 2000. Le PEL est aidé par l'État via le versement d'une prime d'un montant maximum de 1 525 € (10 000 francs avant le 1er janvier 2002).

Le 1 % logement est l'appellation usuelle en France de la Participation des employeurs à l'effort de construction (PEEC). L'organisme qui en est chargé s'appelle Action logement depuis 2009. La participation des employeurs à l'effort de construction (PEEC) a été rendue obligatoire en 1953. Les entreprises de plus de 10 salariés devaient prélever, afin de les affecter au logement 1 % des salaires. En 1992, le taux est abaissé à 0,45 % mais l'appellation 1 % logement demeure. La PEEC aide les salariés à accéder à la propriété en leur consentant des prêts à taux extrêmement faible. La somme versée approche 1,5 milliard d'euros tous les ans.

La prime à l'amélioration du logement locatif à usage social (La PALULOS) est un dispositif français destiné aux bailleurs sociaux.

Le Prêt Locatif Intermédiaire est destiné à favoriser l'investissement locatif intermédiaire. Le but est que les bailleurs louent des logements, à des prix abordables, aux personnes dont les revenus sont trop élevés pour bénéficier d'une HLM, mais trop faibles pour le marché « classique ».

Les prêts spéciaux existent depuis la loi du 3 janvier 1977. Celle-ci a créé les Prêts d'aide à l'accession à la propriété (***PAP***, disparus en 1995). En 1993 et 1995, ont été créés les prêts à l'accession sociale (***PAS***) et les prêts à taux 0 %. Les PAP qui étaient accordés aux candidats à l'accession à la propriété étaient réservés aux emprunteurs dont les ressources étaient inférieures à un plafond compris entre 2 et 4 SMIC (Il était accessible à 60 % des Français). Le prêt à taux 0 % a remplacé le PAP le 29 septembre 1995. Il s'agit d'un prêt dont les intérêts sont pris en charge par l'État. Environ 50 000 prêts ont été distribués en 2009, pour un montant moyen de 15 000 euros. Le prêt à l'accession sociale (PAS) existe depuis 1993. Il est accordé au taux du marché et concerne les personnes dont les ressources sont au 1er janvier 2010 de 21 802 euros en zone A pour une personne, et de 32 584 euros pour un couple.

Les prêts qui financent les logements sociaux sont : Le PLA (prêt locatif aidé) a été remplacé en septembre 1999 par le PLUS (prêt locatif à usage social). ***Le prêt locatif à usage social (PLUS)*** permet d'aider les organismes d'habitation à loyer modéré (HLM) et les SEM à financer la production de logements locatifs sociaux dans le cadre de la mixité sociale. Il est constitué d'une subvention et d'un prêt de la caisse des dépôts et consignations (CDC). Le taux du prêt CDC est de 3,45 %. La durée est de 32 à 50 ans. Les logements construits (ou acquis et réhabilités) sont destinés à être occupés par des ménages dont les revenus ne dépassent pas un certain plafond de ressources. ***Le prêt locatif aidé d'intégration (PLAI)*** est destiné aux HLM et aux sociétés d'économie mixte (SEM). ***Il vise à fournir un logement à des personnes en difficulté financière et sociale.*** Le loyer maximum est fixé par l'État et les revenus du locataire ne doivent pas dépasser 60 % du plafond de ressources pris en compte pour l'accès au logement social classique (PLUS). Une convention ouvre droit à l'aide personnalisée au logement (APL). Le prêt CDC est au taux de 3,25 %, et la durée d'amortissement va jusqu'à 40 ans et 50 ans pour la charge foncière. ***Le prêt locatif social (PLS)*** s'adresse ***à tout investisseur*** personne physique ou morale ***qui réalise une opération locative.*** Le PLS est destiné à financer des logements correspondant à des niveaux de loyers et de ressources supérieurs au prêt locatif à usage social (PLUS). Il a été créé pour ouvrir l'accès des logements sociaux aux classes moyennes.

Les aides à la personne. Depuis 1990, tous les foyers de locataires ou d'accédants à la propriété peuvent bénéficier d'une aide si leurs ressources ne sont pas suffisantes. On distingue :

L'Aide personnalisée au logement (APL), créée en 1977, est destinée aux occupants de logements (locataires ou accédants à la propriété). L'APL est attribuée, à toute personne : quelle que soit sa situation familiale, quelle que soit sa nationalité, quelle que soit sa situation professionnelle. Elle coûte 1 milliard d'euros, dont 800 millions pour l'État directement et 200 millions pour les Caisses d'allocations familiales.

L'Allocation de Logement Familiale (ALF) est accordée aux locataires et aux propriétaires, Français ou étrangers (avec un titre de séjour valable). L'ALF peut également être perçue par un parent célibataire ; une personne seule hébergeant un parent âgé ou un membre de la famille handicapé ; une femme enceinte, une personne seule.

L'aide au Logement Social (ALS) concerne uniquement les locataires. Les ressortissants de pays étrangers peuvent bénéficier de l'ALS, sous réserve de pouvoir présenter un titre de séjour valide.

Le fonds de solidarité pour le logement (FSL) accorde des aides financières aux personnes en difficulté pour leur permettre d'accéder à un logement ou de s'y maintenir. Ces aides dépendent de la situation personnelle de l'intéressé. Au cœur de la loi du 31 mai 1990, elles sont financées par l'État, les départements, les villes.

Une politique fiscale. Les avantages fiscaux comprennent des mesures en faveur des propriétaires occupants et des mesures en faveur des bailleurs. On distingue principalement : ***Le prêt à taux zéro (PTZ).*** La somme accordée pour ce prêt est fonction du revenu fiscal de l'emprunteur (justifié obligatoirement par son avis d'imposition), et du lieu où se situe son achat immobilier. ***Le crédit d'impôt sur les intérêts d'emprunt*** pour l'achat de la résidence principale. Il coûte 2,6 milliards d'euros en 2010. ***Les exonérations pour gros travaux. Les mesures en faveur de l'investissement locatif.*** Les dispositifs Borloo, de Robien, la loi Scellier prévoient des réductions d'impôts importantes pour ceux qui achètent pour le louer, un logement neuf.

3. La réglementation des rapports entre locataires et proprietaires

Plusieurs lois organisent les rapports entre les locataires et les propriétaires en réglementant les locaux à usage d'habitation.
La loi Quilliot du 22 juin 1982 va restreindre la progression des loyers et assurer un maintien dans les lieux plus long (baux de trois et de six ans).
La loi « Méhaignerie » du 23 décembre 1986 programme une suppression progressive de la loi de 1948. La législation des loyers va être modifiée dans un sens plus favorable aux propriétaires, et la construction va être encouragée par des mesures fiscales prévues en faveur des investisseurs privés. L'accession à la propriété va être favorisée par la vente des HLM.
La loi Mermaz-Malandain du 6 juillet 1989 va autoriser le gouvernement à limiter par décret la hausse des loyers dans certaines zones géographiques. Le PCF s'est abstenu, le RPR, l'UDF et l'UDC ont voté contre.
La loi Besson (du nom de Louis Besson, alors ministre détaché au logement), du 31 mai 1990 cherche à garantir un droit au logement.
La loi Boutin de 2007. Le contrat de bail doit désormais faire mention de la surface habitable du logement. Le dépôt de garantie ne peut excéder un mois de loyer. Le bailleur devra restituer le dépôt de garantie dans un délai de deux mois maximum. Une nouvelle contribution financière en sus du loyer et des charges peut être demandée lorsque le bailleur a réalisé dans le logement loué des travaux d'économies d'énergie. ***Par ailleurs, le propriétaire qui reloge un de ses locataires a l'obligation de le faire au sein d'un logement décent.***
En début d'année 2007, **le PARSA** (Plan d'action renforcé en direction des personnes sans abri) est entré en application. La loi n° 2007-290 du 5 mars 2007 ***institue le droit au logement opposable (le DALO).*** Le 1er janvier 2008, la loi concernera les personnes dans les situations les plus difficiles. Le 1er janvier 2012, la loi s'appliquera à toute personne éligible aux logements sociaux.

B– La politique de la ville et ses ambitions

La politique de la ville, ainsi nommée à partir de 1988, a été rendue nécessaire en raison de la concentration accrue, dans certains quartiers, de difficultés multiples. Elle a d'abord retenu le quartier comme domaine d'intervention. Elle s'appuie sur un ensemble de textes spécifiques, dont la loi d'orientation pour la ville (LOV), promulguée en 1991, constitue le pivot. De 1976 à 2010, elle est passée par plusieurs phases.

1. De 1976 à 1978 : une politique en gestation

Au début ont été mises en place, **les conventions Habitat et Vie Sociale (HVS)** destinées à faciliter les réhabilitations immobilières. Pendant dix ans, les conditions sociales des quartiers qui se dégradent, sont restaurées avec un succès cependant limité. En 1988 sont créées trois instances nationales : le Comité interministériel des villes (CIV) qui, sur la base de rapports, arrête les orientations, définit les programmes, et mobilise les moyens ; la Délégation interministérielle à la ville (DIV), sous l'autorité du ministre de la ville a des missions d'initiative, d'animation et de mobilisation des acteurs, le Conseil national des villes (CNV), composé d'élus locaux, à un rôle de proposition, mais ses avis sont très écoutés.

2. 1989-1990 : des contrats de ville à la loi Besson

Les contrats de ville sont des programmes élaborés par des collectivités territoriales et par l'État pour remédier aux difficultés rencontrées par les habitants de certains quartiers. Ils ont quatre objectifs : restaurer le cadre de vie et l'habitat, assurer le bon fonctionnement des services publics, maintenir l'ordre et l'emploi. La restauration du cadre de vie et de l'habitat prend parfois la forme de destructions de tours et de barres, mais comme dans la procédure HVS, lancée en 1976, elle consiste à améliorer le confort interne des bâtiments. Ces procédures ont donné lieu à la démarche DSQ, (développement social des quartiers) généralisée à l'échelle des quartiers, dans le cadre du Xe Plan (1988-1993).

La loi Besson du 31 mai 1990 énonce que le droit au logement pour tous est un devoir de solidarité nationale. À cette fin des plans départementaux d'action pour le logement des personnes défavorisées (PDALPD) sont créés.

3. 1991 : la loi d'orientation pour la ville (LOV)

Élaborée par Michel Delebarre, qui fut le premier ministre de la ville, **la loi d'orientation pour la ville du 13 juillet 1991** ***cherche à établir la « mixité sociale »*** en rééquilibrant l'offre de logements sociaux sur tout le territoire.

La LOV, dans sa version initiale, se proposait d'imposer à toutes les agglomérations un « programme local de l'habitat » (PLH). Les communes de plus de 200 000 habitants ne disposant pas d'au moins de 20 % de logements sociaux devaient s'engager à combler leur retard dans les trois ans, ou bien payer une contribution financière. La LOV a également prévu un dispositif obligeant les départements et les services de l'État à élaborer **un plan départemental d'action pour le logement des personnes défavorisées (PDLP).**

4. 1994 : la loi sur l'accueil des personnes défavorisées

Elle impose à chaque commune d'être dotée de **capacités d'hébergement d'urgence** (à raison d'une place pour 1 000 ou 2 000 habitants).

5. 1996 : Le pacte de relance pour la ville (PDR)

Le PDR a été adopté le 31 octobre 1996. Il prévoit un nouveau zonage et se fixe des objectifs ambitieux.
Un nouveau redécoupage : ZUS, ZRU, ZFU :
744 zones urbaines sensibles (ZUS) concernant 3,5 millions d'habitants sont créées. Dans ces zones les occupants de logements sociaux dont les ressources dépassent le plafond ne devront pas acquitter de surloyer.
Dans les 350 **zones de redynamisation urbaine (ZRU)**, les entreprises et les commerces sont exonérés de la taxe professionnelle.
44 zones franches urbaines (ZFU) sont mises en place, concernant environ 1 % de la population totale et correspondant aux quartiers les plus dégradés en terme de chômage. Dans ces « zones franches », les employeurs qui incluent dans leurs effectifs 20 % de salariés résidents dans le quartier concerné sont exonérés d'impôts sur les bénéfices et de charges. Les ZFU sont créées dans des quartiers de plus de 8 500 habitants (loi du 31 mars 2006 pour l'égalité des chances) particulièrement défavorisés. Ces ZFU, au nombre de 100, créées à l'origine pour cinq ans, ont été prorogées jusqu'au 31 décembre 2011.

6. Le rapport Sueur (13 février 1998)

Ce rapport de 750 pages, élaboré par le maire socialiste d'Orléans, préconise de faire de la politique de la ville une priorité nationale, sous peine d'accroître l'exclusion. Pour cela il faut **une loi de programmation sur dix ans** en lui consacrant des sommes considérables 35 milliards de francs (environ 5 milliards euros). Le rapport présente 50 propositions parmi lesquelles : l'accroissement des services publics dans les quartiers en difficulté, des avantages fiscaux, la mixité en matière de logements sociaux afin de mieux intégrer les populations étrangères, des sanctions pour les communes qui refusent d'accueillir des logements sociaux.

7. La loi Borloo (2003)

La loi d'orientation et de programmation pour la ville et la rénovation urbaine du 1er août 2003, dite loi Borloo institue le Programme national de rénovation urbaine (PNRU) ***piloté par l'Agence nationale de rénovation urbaine***. Son but est de financer des projets globaux de requalification des quartiers. En fonction des projets établis par les acteurs locaux, ce programme doit permettre sur la période 2004-2013 la production et la démolition de 250 000 logements locatifs sociaux ainsi que la réhabilitation de 400 000 logements du même type.
2005. Loi de programmation pour la cohésion sociale du 18 janvier 2005 couvre trois domaines : l'emploi (aides à la création d'entreprises pour les chômeurs), le logement (création de 500 000 logements sociaux en 5 ans), et l'égalité des chances (ex : mesures relatives à l'emploi des femmes)
2006. La loi pour l'égalité des chances du 31 mars 2006, contient parmi ses principales dispositions, le CPE (contrat première embauche), qui fut retiré.
Loi portant Engagement National pour le Logement. La loi ENL du 13 juillet 2006 s'oriente autour de 4 grands thèmes : l'aide à la construction pour les collectivités ; l'augmentation de l'offre de logements à loyers maîtrisés ; l'aide à l'accession à la propriété pour les ménages modestes ; l'accès pour tous à un logement correct.
2007. Remplacement des contrats de ville par le contrat urbain de cohésion sociale (CUCS). Ces nouveaux contrats, d'une durée de 3 ans reconductibles, ont 5 priorités : Emploi et développement économique, amélioration de l'habitat et du cadre de vie, citoyenneté et prévention de la délinquance, accès à la santé, volet éducatif.
2008. Le Plan banlieue présenté par Nicolas Sarkozy veut mettre en synergie l'Éducation nationale, le développement durable, la Police et la sécurité intérieure, les élus locaux, les professionnels de la politique de la ville, le milieu associatif, les travailleurs sociaux et les entreprises.

III. Résultats et comparaisons internationales

A– La politique du logement en France

L'accession à la propriété s'est développée : 57 % des Français sont aujourd'hui propriétaires ou accédants à la propriété. Cependant la France en Europe est classée parmi les derniers pays au niveau du pourcentage de propriétaires (57,5 %).

Tableau 5.2. **Part des ménages propriétaires de leur logement en Europe en 2007**

PAYS	% DE PROP.	PAYS	%	PAYS	%
1. Roumanie	96,00 %	Malte	77,00 %	19. Chypre	66,00 %
2. Lituanie	89,00 %	11. Grèce	73,00 %	**UE 27**	**65,00 %**
Slovaquie	89,00 %	Portugal	73,00 %	20. Suède	62,00 %
4. Hongrie	87,00 %	13. Rép tchéq.	72,00 %	21. Danemark	58,00 %
5. Lettonie	84,00 %	Italie	72,00 %	Pologne	58,00 %
6. Espagne	83,00 %	15. Luxemb.	71,00 %	**23. France**	**57,50 %**
Estonie	83,00 %	Roy-Uni	71,00 %	24. Pays-Bas	56,00 %
8. Slovénie	80,00 %	17. Finlande	67,00 %	25. Autriche	52,00 %
9. Irlande	77,00 %	Belgique	67,00 %	**26. Allemagne**	**46,00 %**
				27. Bulgarie	non disponible

Source Eurostat

La crise du logement est toujours présente pour trois raisons : l'insuffisance de l'offre, des difficultés à l'achat comme à la location pour les ménages qui ont vu leurs dépenses de logement passer de 15 % à 25 % de leurs revenus au cours des trente dernières années. ***L'Insee en 2007 soulignait que les deux tiers des ménages pouvaient prétendre à un logement social.***

Dans un parc qui compte quatre millions d'HLM, ***1,2 million de foyers sont en liste d'attente***. Plus de 500 000 ménages répondent aux critères prioritaires de la loi Dalo. ***Le déficit de logements est estimé à 900 000 avec de fortes distorsions dans certaines agglomérations***. Le parc de logements en France en trente ans est passé de 20 à 32 millions d'unités mais le manque global d'offre de logements s'est creusé depuis trente ans. L'Insee chiffre le besoin de construction annuel à 350 000 logements. La demande de logements est contrainte par cinq facteurs : l'arrivée de nouveaux ménages, l'immigration, la décohabitation (ménages qui divorcent, jeunes qui quittent le foyer parental), les migrations internes et le relogement des habitants, dont les habitations sont détruites pour cause de vétusté.

Cette demande insatisfaite contribue à maintenir la tension sur les prix et explique les ***2,5 millions de logements du parc considérés comme surpeuplés***. La loi SRU depuis sa mise en œuvre en 2000, pâtit de la mauvaise réputation du logement social. Les maires préfèrent s'acquitter de pénalités plutôt que de construire des logements

sociaux contre la volonté de leurs électeurs. C'est ainsi que ***2 000 communes sur 36 500 en France concentrent 60 % du logement social.***
Le DALO risque d'accroître les problèmes. Un premier bilan à l'échelle de la petite couronne de l'Île-de-France, 6 mois après l'entrée en vigueur du dispositif, permet de constater des effets positifs mais très limités au regard de l'importance des besoins.
Les ventes de logements neufs se produisent grâce aux différents dispositifs mis en place : loi Périssol, loi Robien, loi Borloo, Méhaignerie, Scellier, dispositifs qui octroient des avantages fiscaux renforcés aux bailleurs pour éviter l'effondrement économique du secteur de la construction, avec ses conséquences dramatiques sur l'emploi. ***Ces dispositions publiques permettent aux plus aisés d'investir à bon compte*** dans des logements qu'ils espèrent louer à des classes moyennes.

B– La politique du logement en Europe

Le rapport européen n° W-14 intitulé « Politique du logement dans les États membres » s'interroge sur la contribution des politiques du logement au bien-être des Européens les plus pauvres et distingue **quatre groupes** en fonction de l'importance des aides de l'État au logement social.

Tableau 5.3. **Les politiques du logement en Europe**

Pays concernés	Caractéristiques des politiques menées	Part du PIB consacrée
Pays-Bas, Suède, Royaume-Uni	Forte intervention de l'État. Ces pays possèdent les plus amples secteurs de loyers sociaux de l'Union européenne.	+ de 3 % du PIB
Autriche, Danemark, France, Allemagne	Moins de modifications du marché et maintien d'importants secteurs de loyers privés	1 à 2 % du PIB
Irlande, Italie, Belgique, Finlande et Luxembourg	Groupe disparate qui possède, pour la plupart d'importants secteurs de propriétaires occupants et des secteurs de loyers sociaux relativement faibles.	Environ 1 % du PIB
Portugal, Espagne et Grèce	Les secteurs de propriétaires occupants sont particulièrement importants, les secteurs de logements sociaux minimaux.	Moins de 1 % du PIB

Source rapport européen W-14

C– La politique de la ville en France

La « politique de la ville » consiste, en plus d'un ministère spécifique, en un large ensemble d'actions menées par plusieurs ministères différents dans le cadre de leurs politiques propres : mesures en faveur du logement, politique en faveur de l'emploi et du développement économique des quartiers, sécurité et prévention de la délinquance, enseignement scolaire et promotion de l'« égalité des chances »… Le tiers (11 sur 34) des missions de l'État identifiées par le projet de loi de finances pour 2007 est regroupé à un titre ou à un autre sous la bannière de la politique de la ville.
L'État intervient dans le cadre de contrats conclus avec les communes et autres acteurs locaux : contrats de ville, contrats urbains de cohésion sociale. Cette action identifie les quartiers qui feront l'objet d'aides : les zones urbaines sensibles. Outre les objectifs de diversité de l'habitat et de mixité sociale définis par la loi du 13 juillet 1991 d'orientation pour la ville, elle a pour but de lutter contre les phénomènes d'exclusion dans l'espace urbain et de favoriser l'insertion professionnelle, sociale et culturelle des populations habitant dans des grands ensembles ou des quartiers d'habitat dégradé.

D– La politique de la ville en Europe

La « Politique de cohésion économique et sociale » de l'Union européenne vise à réduire les disparités entre les régions des 27 États membres, en accordant des co-financements aux projets du secteur public, privé et associatif. Elle dispose de moyens considérables : 308 milliards d'euros pour 2007-2013, un tiers du budget communautaire. Cette politique se compose de programmes financés par des fonds « structurels » qui visent à agir en profondeur sur les structures économiques et sociales des territoires. Pour la programmation 2007-2013, trois objectifs concourent à cette politique de cohésion : faire converger les régions pour éviter les retards de développement, les rendre compétitives en terme d'emploi, et l'objectif « coopération territoriale européenne » pour les coopérations transfrontalières, transnationale et interrégionale.
L'Union européenne contribue au développement durable des zones urbaines au travers d'un large éventail de politiques et d'initiatives couvrant toute une série de domaines d'activité. La politique de cohésion de l'Union Européenne soutient le développement et la revitalisation des villes européennes. Avec le développement urbain intégré, qui constitue une priorité de plus en plus importante pour les programmes soutenus au titre des fonds structurels, ce rôle restera essentiel.
Le septième programme-cadre de recherche et de développement technologique et le programme « Compétitivité et Innovation » finance également des actions visant à promouvoir le développement durable des villes et agglomérations européennes. Les

politiques de l'Union Européenne ont également un impact sur la culture, la jeunesse, la santé, l'environnement, les transports urbains et l'efficacité énergétique, la sécurité urbaine, les aides d'État et les services aux citoyens.

Conclusion du chapitre :

Malgré les efforts accomplis, le parc de logements en France en trente ans est passé de 20 à 32 millions d'unités, 10 millions de Français sont encore mal logés. Les difficultés de logement concernent plusieurs types de populations : plus d'un million de personnes n'ont pas de domicile personnel, et sont sans doute dans l'impossibilité financière d'en avoir un ; deux millions sont dans des conditions de logement difficiles (dont le surpeuplement) et plusieurs millions ont du mal à se maintenir dans leur logement. La politique du logement en France est un des grands échecs des politiques sociales, car le logement est le réceptacle de toutes les autres difficultés : problème d'emploi, de revenu, de pauvreté. Le logement social constitue une réponse nécessaire aux difficultés de logement, cette réponse n'est pas suffisante : la paupérisation du logement social, le regroupement de familles en difficulté, les problèmes de délinquance et d'insécurité ont rendu celui-ci peu attractif pour les classes moyennes. Les comparaisons européennes donnent des réponses contradictoires : si la France ne consacre pas suffisamment d'argent au logement, elle est aussi une nation où le pourcentage de propriétaires est, en Europe, le plus faible : 57 % contre 97 % à un ancien pays socialiste : la Roumanie, qui avait sien le principe marxiste selon lequel permettre d'échapper à la pauvreté c'est permettre à chaque citoyen d'avoir un toit à soi.

6 chapitre

La politique de lutte contre la pauvreté

D'après l'INSEE, il y aurait en 2008 près de ***8 millions de pauvres en France, soit 13 % de la population***. En 1987, le Conseil économique et social retenait le chiffre de 2,5 millions, déjà avancé dans les années 1970 par ATD quart-monde. En 1988, Serge **Milano** (*La pauvreté absolue*, Hachette Littérature) concluait à la diminution de la pauvreté, estimée à moins d'un million de personnes.
En 1997, les études « officielles » du CSERC faisaient état de 5 millions de pauvres, nombre très inférieur à celui avancé par Eurostat (9 millions), ou par René Lenoir et Lionel Stoléru en 1972 ! En 1998, deux chercheurs de l'INSEE recensaient ***25 % des ménages français en situation de fragilité***. Pour M. Beaud (*Le basculement du monde*, La Découverte, 1997), entre 15 et 20 millions de pauvres, connaissaient alors la pauvreté ou la gêne, n'avaient pas accès au confort standard et devaient rogner jusque sur leurs dépenses d'alimentation et de santé. Dans un constat similaire, en 2003, Nicolas Baverez s'interroge sur « La France qui tombe » et qui n'est plus qu'au 12e rang en Europe, pour le PIB par habitant. Concept subjectif, la pauvreté admet des estimations contradictoires.
Ces différences s'expliquent : souvent les chiffres avancés ne représentent ni les mêmes formes (pauvreté monétaire, sociologique, et psychologique) ni les mêmes degrés de pauvreté (pauvreté absolue, relative et nouvelle pauvreté). Pour atténuer la pauvreté, ***des minimas sociaux (dont depuis juin 2009 le RSA) et des politiques d'insertion, ont été mis en place.*** Si la France se situe aux premières places dans sa lutte contre l'exclusion, ces politiques n'ont pas supprimé l'origine de la pauvreté.

I. Les problèmes à régler : les pauvretés

La pauvreté est définie de trois manières : par l'insuffisance de ressources, par l'exclusion ou par la précarité.

A– La pauvreté monétaire

La pauvreté connaît trois degrés : **pauvreté absolue** des catégories les plus démunies (SDF, Rmistes, chômeurs en fin de droits) ; **pauvreté relative** des catégories « traditionnellement » pauvres (ouvriers, employés, travailleurs précaires), **nouvelle pauvreté** des membres des classes moyennes ou supérieures touchés par le chômage et la crise (cadres, artisans, membres des professions libérales, travailleurs en CDD).

1. La pauvreté absolue

Pour les économistes, le dénuement extrême est la situation dans laquelle se trouvent ceux qui ont moins qu'un minimum défini de manière objective. Évaluer ce minimum consiste à déterminer les ressources nécessaires pour acheter ***un « panier » de biens et de services*** assurant à un individu ou à un ménage la satisfaction de ses besoins essentiels. Cette méthode, qui fut historiquement la première a être appliquée, est utilisée aux États-Unis depuis 1964. En France, ***la Direction de l'action sociale a construit un seuil de pauvreté absolue*** en se fondant sur le seuil le plus bas de pauvreté défini par la CEE, ***soit 40 % du revenu disponible moyen*** (500 euros environ en 2009).

2. La pauvreté relative

Le seuil de pauvreté est estimé à 880 euros en 2006, contre 865 euros en 2005. ***La France métropolitaine comptait alors 7,9 millions de pauvres, soit 13,2 % de la population.*** Le revenu médian était de 1 470 euros par mois (17 600 euros par an) cette même année. Une grande partie de ces personnes travaille à temps partiel, et est payée au SMIC. Parmi elles, la moitié a un niveau de vie inférieur à 720 euros par mois. Le revenu disponible des 10 % les plus pauvres est constitué à 42 % de transferts sociaux (allocations familiales et de logement). ***En 2008, le seuil de pauvreté est de 949 euros par mois, et le revenu médian de 1 580 euros par mois.***

3. La « nouvelle pauvreté »

Les travaux de l'historien Michel **Mollat** (« Les nouveaux pauvres au Moyen Âge », *L'Histoire* n° 89) ont montré que « la nouvelle pauvreté » n'était pas spécifique à la crise actuelle. ***Quand la crise persiste, la pauvreté frappe également les membres les plus fragiles des classes moyennes ou supérieures.*** En France, « les nouveaux pauvres » sont réapparus après le premier choc pétrolier, dès que le taux et la durée du chômage ont fortement augmenté ; ils se trouvent surtout parmi les chômeurs de longue durée, salariés victimes des restructurations (ouvriers, employés, cadres) mais aussi parmi les chefs d'entreprise et les exploitants agricoles, qui ont fait faillite.

Une « nouvelle pauvreté relative », moins visible, s'est développée en raison de la limitation des revenus directs (salaires) et indirects (retraites), et de la progression des dépenses de santé à la charge des ménages. En conséquence, ***on assiste à un développement des activités informelles*** qui échappent aux normes légales et statistiques. ***La pauvreté engendre des frustrations*** pour une majorité de citoyens interrogés lors d'enquêtes. En effet il existe de nouvelles formes de pauvreté au sein même du salariat (précarité, CDD, faible rémunération due au temps partiel) qu'exprime bien le terme de ***woorking poors.*** Il y a entre 1,2 et 3,5 millions de travailleurs pauvres, 20 % sont des indépendants (agriculteurs et aides familiaux agricoles) et 80 % des salariés.

B– L'exclusion

La pauvreté peut également être analysée comme une rupture du lien social, qui entraîne **l'exclusion** : processus économique, social et culturel de marginalisation d'une partie de la population. L'exclusion se caractérise par la perte des liens sociaux. Ces liens sont favorisés par un certain nombre de structures, qui, en crise, entraînent l'exclusion : la famille, l'école, l'entreprise. Analyser l'exclusion c'est recenser les populations qui se trouvent exclues de ces structures. Ce concept multidimensionnel a trois sens principaux : **la déprivation**, le handicap, l'inadaptation. Chercher des remèdes à l'exclusion c'est aussi s'interroger sur **les inégalités**.

1. La déprivation : pauvreté en conditions de vie

La déprivation, approche en termes d'exclusion par rapport à un mode de vie dominant a été utilisée par Lionel **Stoléru** (*Vaincre la pauvreté dans les pays riches*, Flammarion, 1974), qui a mis au point une série de seize « signes extérieurs de pauvreté » regroupés autour de trois indicateurs : le niveau de vie (revenus familiaux et patrimoine), la démographie (espérance de vie à 35 ans, mortalité infantile, etc.), le mode de vie (consommation, équipement du ménage, etc.).
En 1997, avec une méthodologie un peu comparable, (re)baptisée « Pauvreté en conditions de vie », *France, portrait social 1998-1999*, S. **Lollivier** et D. **Verger** considèrent que ***25 % de la population française est concernée*** par l'une ou l'autre des différentes formes de pauvreté : « ***Pauvreté d'existence, monétaire ou subjective...*** ». Ces trois pauvretés sont distinctes et la pauvreté d'existence est repérée par une série d'items concernant les mauvaises conditions de vie, de logement, de confort.

2. Le handicap et l'inadaptation

Les deux premiers sens ont été décrits par R. **Lenoir** (*Les exclus*, le Seuil, 1974). ***Aucune classe sociale, aucun âge n'est indemne.*** L'alcoolisme, la drogue et les maladies psychosomatiques, la délinquance, la marginalité entraînent des millions d'exclus. Le terme d'exclusion est souvent identifié à un facteur de pauvreté psychologique. G. Mermet évalue à 13 millions le nombre de Français pouvant être touchés par l'isolement.

Tableau 6.1. **Études fondées sur l'exclusion**

Selon R. Lenoir (1972-1973) : 9 426 000 exclus : handicapés physiques et mentaux, drogués, inadaptés scolaires, jeunes relevant d'une action préventive, chômeurs aux revenus insuffisants, personnes vivant en logement insalubre, suicidés et suicidaires, malades psychiatriques, alcooliques, délinquants, marginaux, asociaux ;
Selon L. Stoléru (1973) : 11 200 000 pauvres en 1973 ; 9 200 000 en 1985 : 200 000 salariés agricoles, 500 000 commerçants et artisans, 900 000 ouvriers spécialisés, 600 000 personnels de service, 800 000 inadaptés sociaux mineurs, 3 000 000 de personnes âgées et de veuves, 1 million de manœuvres, 2 200 000 handicapés.
Selon G. Mermet (1985) : **13 millions de Français peuvent être en état de solitude :** célibataires, divorcés, veufs, personnes âgées, isolées.
Selon Y. Lasfargue (1989) : **7 millions de technophobes** en France.
Selon Lollivier et D. Verger (1997) : **25 % de la population française est en situation de fragilité.**

Y. Lasfargue voit dans le développement des technologies informatiques, l'avènement d'une société où ***les exclus seront les technophobes*** qui ne supporteront ni l'abstraction, ni l'interactivité, ni la vitesse ou la flexibilité, salariés qui travaillent dans une insécurité psychologique permanente

3. Les inégalités

Les trois principales sont liées aux **revenus**, au **patrimoine**, et à l'**emploi**.

Revenus. Selon l'observatoire des inégalités, les 10 % des ménages ayant les revenus les plus élevés gagnent 4,3 fois plus que les 10 % des ménages ayant les revenus les plus bas. Les 10 % des ménages ayant de plus haut revenus bénéficient d'au moins 33 190 € par an, soit 2 765 € par mois. En 2007, le seuil d'appartenance au 1 % les plus riches s'élève à près de 84 500 € pour les revenus déclarés aux impôts par unité de consommation. Cette limite correspond par exemple à un couple de cadres supérieurs gagnants chacun 5 300 € nets par mois.

Pour Thomas Piketty (*Les hauts revenus en France au XXe siècle*, Grasset, 2001), sur le long terme en France, les inégalités de revenu ont diminué et les inégalités salariales sont extrêmement stables. ***Au début du xxe siècle, les 10 % les plus aisés recevaient 40 % du revenu global, contre 33 % à la fin des années 1990.*** La classe des rentiers a disparu, ruinée par les crises du xxe siècle et les faillites, l'effondrement des revenus du capital durant les guerres et l'inflation. L'observatoire des inégalités fournit des chiffres plus resserrés : en 2007, les 10 % les mieux payés recevaient 24,1 % du revenu national.

Le coefficient de Gini est l'indicateur qui établit des comparaisons entre pays. Les pays scandinaves, les plus égalitaires ont, selon l'OCDE, un coefficient inférieur à 22, avec un coefficient de 27, la France se rapproche des pays les plus égalitaires. Cette réalité ravive le débat sur la justification des inégalités. Des études menées par le Prix Nobel Daniel Kahneman (2002) ont montré que ***les personnes ayant un revenu élevé consacrent moins de temps à des activités plaisantes,*** et plus de temps à des activités obligatoires : un revenu élevé semble être une juste compensation pour ces coûts non-monétaires qui n'apparaissent pas dans les statistiques.

Patrimoine. ***Les 10 % les plus riches détiennent entre 50 et 55 % du patrimoine total,*** 50 % en possèdent 92 %, et le tiers le plus pauvre entre 0,5 et 2 %. En 2004, selon l'INSEE le patrimoine brut moyen des gros indépendants (480 788 euros) était 50 fois plus important que celui des ouvriers non qualifiés (9 604 euros). En moyenne, les ménages possédaient 220 500 euros de patrimoine, mais seulement la moitié d'entre eux avaient un patrimoine supérieur à 118 000 euros. Pour l'INSEE les inégalités de patrimoine reculent ***car la part des ménages propriétaires de leur résidence principale a progressé continûment ces vingt dernières années, passant de 51 % à 57 %.*** Les inégalités de richesse sont plus fortes que les inégalités de revenus. Le patrimoine des 10 % les plus fortunés est 2 135 fois supérieur à celui des 10 % les moins riches

Emploi. ***L'emploi s'est raréfié, le chômage a augmenté, et les emplois stables ont régressé (voir chapitre 4).***

C– La précarité source de pauvreté psychologique

La pauvreté psychologique concerne une partie des populations handicapées, précaires, vulnérables, seules ou inadaptées, particulièrement concernées par le suicide. Elle est aussi à relier aux conditions de travail.

1. Les personnes seules

La solitude frappe des millions de personnes parmi les personnes âgées, les célibataires, les divorcés, les veufs, et les prisonniers.

Tableau 6.2. **Nombre et taux de personnes vivant sous le seuil de pauvreté en 2006, par type de ménages (Seuil à 60 % du revenu médian)**

Type de ménages	Nb. d'individus	Individus pauvres	Tx de pauvreté
Moins de 65 ans	48 747 000	6 756 000	13,90 %
Personnes seules	5 066 000	885 000	17,50 %
Familles mono-parentales	4 702 000	1 560 000	33,20 %
Couples	37 185 000	3 897 000	10,50 %
Ménages complexes	1 794 000	414 000	23,10 %
Plus de 65 ans	1 072 400	1 106 000	10,30 %
Personnes seules	3 391 000	525 000	15,50 %
Couples	6 357 000	463 000	7,30 %
Ensemble	59 471 000	7 862 000	13,20 %

Source INSEE.

En 2006, le nombre de personnes seules en situation de pauvreté vivant dans un ménage dont la personne de référence était âgée de moins de 65 ans était de 885 000 ; ce nombre était de 525 000, pour les personnes seules âgées de plus de 65 ans. Les familles monoparentales, ***avec un taux de pauvreté de 33,20 %*** sont le plus touchées par la pauvreté.

2. Les salariés précaires

La précarité se généralise : 10 à 12 millions de travailleurs risquent l'exclusion du marché du travail, près d'un tiers des emplois stables est menacé. *La précarité est partout.* Serge Paugam (*Le salarié de la précarité*, PUF, 2000), l'identifie au salariat et distingue ***: la précarité de l'emploi et celle du travail.***
4 situations en découlent :
Au sein d'une même profession, les situations de l'emploi ne sont pas identiques et de fortes inégalités existent. ***Une seule catégorie de salariés est favorisée : les salariés dont l'intégration est assurée*** éprouvent de la satisfaction dans leur travail, et celui-ci est stable. En fonction des tâches qui vont leur être confiées les salariés du public ou du privé pourront voir leurs conditions de travail se dégrader, et connaître ***une intégration incertaine*** en raison de l'instabilité de l'emploi ou ***une intégration disqualifiante*** (emploi peu stable et une insatisfaction au travail). Les salariés du public

sont de plus en plus nombreux à connaître une ***intégration laborieuse*** en raison de la dégradation de leurs conditions de travail.

Dans *La misère du monde* **(Le seuil, 1993), Pierre Bourdieu** montre que ces nouvelles pauvretés psychologiques frappent aussi la plupart des catégories que l'on estime protégées par un statut : cadres de la fonction publique, policiers, enseignants, cadres, etc. La précarité a des conséquences sur l'ensemble du salariat, elle engendre une précarisation. ***L'individualisme,*** le chacun pour soi, qui progresse, renforce les sentiments de solitude. Pour Christophe **Dejours**, (*Souffrance en France*, Le Seuil, 1998) : « *il n'y a presque plus d'absentéisme par peur du licenciement* ». ***Une contrainte à mal travailler*** s'est mise en place, elle a été induite par les exigences de la compétitivité. Cette situation apeure les travailleurs et les rend dociles. À la souffrance de ceux qui n'ont plus de travail répond la souffrance de ceux qui continuent à travailler.

Cette nouvelle organisation du travail accroît les « stratégies déloyales » et peut même aboutir au harcèlement moral, analysée aussi par Marie-France **Hirigoyen** (*Le harcèlement moral : la violence perverse au quotidien*, Pocket, 2000). Le lien social est ainsi mis en cause. La personne pauvre est celle qui n'est pas encadrée par un réseau relationnel ou familial qui pourrait la soutenir. Cet isolement social, cette ***désaffiliation***, selon R. Castel, conduit à la détresse, à la solitude et au désespoir qui mène au suicide. Cette situation entraîne « une banalisation de l'injustice sociale » dont la logique peut être analysée ainsi : la perte d'emploi, la difficulté à en retrouver un, conduit à un processus de ***désocialisation*** progressif qui conduit « *à la maladie mentale ou physique, ou aux deux à la fois, par l'intermédiaire d'une atteinte portée contre le socle de l'identité* ».

3. Conclusion : l'appauvrissement moral

É. Durkheim a montré que **le moral des populations était affecté par les mutations économiques**. La pauvreté psychologique, conséquence de la crise, devient ensuite un facteur de crise. Elle s'identifie à la frustration et peut entraîner le désintérêt pour son travail, la perte du civisme, le passage dans l'économie informelle (travail au noir, activités illicites) et d'autres ***phénomènes anomiques*** (montée de la violence, augmentation du suicide, recul des valeurs humanistes). Chômage, flexibilité, mobilité, rendent l'emploi plus précaire et sont des facteurs de pauvreté psychologique :

La perte d'emploi entraîne des « stress », des dépressions, et démotive le personnel, comme le montrent les comptes rendus du Haut comité pour la santé publique. ***La flexibilité est recherchée*** afin d'assurer une compétitivité accrue.

Les nouvelles contraintes font chuter les besoins en main-d'œuvre et supposent la mobilité géographique et/ou professionnelle (recyclage) des travailleurs. ***La mobilité géographique*** est souvent motivée par une reconversion sectorielle : chaque

déplacement géographique et chaque changement d'activité impliquent un arrachement plus ou moins pénible. ***La mobilité est source de précarité,*** or la précarité de l'emploi s'est doublée d'une précarisation des conditions de travail.
Un seul exemple suffit à illustrer les risques pathogènes de la précarité, ou de la perte de son emploi : la consommation des *médicaments psychotropes*, dont un rapport récent de l'office parlementaire (juin 2006) montre que *leur consommation est deux fois plus élevée que dans les autres pays européens*. Pour les hommes de 20 à 59 ans la consommation des tranquillisants est trois fois plus élevée chez les chômeurs.

II. Les causes de la pauvreté

Les analyses économiques distinguent les causes individuelles de celles causées par le système économique. Le développement de la pauvreté de masse, nous amène à prendre en cause la possibilité d'une nouvelle régulation.

A– Les explications théoriques

Les théoriciens néoclassiques attribuent la pauvreté à des causes individuelles, et en premier lieu la paresse. Depuis Adam Smith ***le travail est, dans la théorie libérale, la principale source d'enrichissement*** : « *Le travail est en fait la racine de la richesse et même du génie que seule confère la sueur* ». Georges **Gilder** (*Richesse et pauvreté*, Albin Michel, 1981), qui fut le conseiller du Président Reagan au début de la « Révolution conservatrice » retrace l'enrichissement d'une famille libanaise installée dans le Massachussetts, grâce à l'esprit d'entreprise et au travail, et le bénéfice de détaxations fiscales. A contrario la paresse est analysée comme un facteur de pauvreté. Dix ans avant la mise en place des « 35 heures » Victor **Scherrer** (*La France paresseuse,* Le Seuil, 1987), évoque **l'inégalité devant le temps de travail**, et constate que la durée officielle du temps de travail est, en France, une des moins longues du monde. Il existe d'autres ***causes individuelles***, analysées comme source de pauvreté, ***notamment l'imprévoyance ou l'impéritie.*** Interrogés lors d'une enquête d'opinion organisée par la CEE, les membres de l'échantillon représentant la France, citaient l'imprévoyance et le trop grand nombre d'enfants comme facteurs générant la misère. En France, Guy **Sorman** (*L'État minimum*, Albin Michel, 1985) a répandu ces idées néo-libérales : « *fondamentalement, les conservateurs estiment que la plupart des programmes d'aide sociale sont nuisibles, parce qu'ils encouragent la fainéantise et découragent en tout cas la volonté de s'en sortir* ».

Chez Karl **Marx**, **c'est la logique même du système économique qui est la cause de la pauvreté**. Pour l'auteur du *Capital* il y a une pauvreté matérielle qui résulte de trois processus qui se combinent : l'exploitation, la surpopulation et la concentration. L'exploitation est le processus par lequel les individus qui louent leur force de travail reçoivent une rémunération inférieure à la valeur des marchandises qu'ils créent et se font extorquer une « plus-value ». Quant à la pauvreté psychologique, qui se confond avec l'aliénation, elle s'explique par le fait que plus le système capitaliste devient complexe, plus l'individu perd sa liberté, et devient un esclave dans le processus de production.
John Maynard **Keynes** analyse **la pauvreté comme le résultat de dysfonctionnements dans le mode de production capitaliste**, qui n'est pas capable d'assurer le plein-emploi et qui génère une répartition des revenus et de la fortune inégalitaire. Une des causes essentielles des crises et de la pauvreté qui en découle est le niveau insuffisant de la demande que les entreprises prévoient de recevoir : la demande effective.

B– Une nouvelle définition… un concept de pauvreté disjonctif

Ce qui apparaît dans l'analyse théorique apparaît aussi dans les études empiriques : la pauvreté peut se définir par une approche ou par une autre : la pauvreté est donc un concept disjonctif. Nous avons vu précédemment que les pauvretés monétaire et sociologique touchent à peu de chose près les mêmes populations, et la pauvreté psychologique comprend des populations dont la plupart se surajoutent aux précédentes. Dans chacune de ces approches des mesures différentes sont possibles, et les études les plus exhaustives sont souvent écartées. Ces trois formes de pauvretés (monétaire, sociologique et psychologique) sont toutes en augmentation. En 2003, le rapport Parquet (*Souffrance psychique et précarité*) s'en est fait l'écho. ***Ainsi par exemple, on prévoit que d'ici 2040, le nombre de personnes âgées dépendantes va doubler***. Si ces trois pauvretés étaient réunies, dans une même définition, elles feraient apparaître l'appauvrissement des classes moyennes, et donneraient une estimation de la pauvreté en France très proche de 20 millions, estimation déjà admise par le fisc, qui exonère près de la moitié des ménages pour insuffisance de revenus. ***La réunion des différentes formes de pauvreté dans un nouveau concept disjonctif global*** (Patrick ***Valtriani*** « Un concept de pauvreté disjonctif », *Économie appliquée*, 1993, n° 4) montre l'ampleur de la pauvreté contemporaine. Et cela n'est pas sans conséquence sur la façon dont les politiques anti- pauvreté doivent être conduites. ***Une définition plus extensive*** pourrait montrer la mise en place ***d'une nouvelle régulation,*** par le développement de ***la pauvreté de masse***.

C– Une nouvelle régulation…

Les inégalités se sont accrues, le marché de l'emploi s'est précarisé, et la protection sociale a régressé. Il convient donc d'analyser la situation actuelle non plus en tant que sortie de crise, mais dans une optique de mise en place d'une nouvelle régulation. La notion de régulation, analysée par M. **Aglietta** (*Régulation et crises du capitalisme*, Calmann-Lévy, 1982) et R. **Boyer** (*La théorie de la régulation : une analyse critique*, La Découverte, 1986), décrit l'ensemble des processus économiques qui, en s'ajustant convenablement, vont assurer la stabilité du mode de production capitaliste pendant une longue période. Aux deux grandes régulations qui se sont succédé dans le XXe siècle, par la production de masse et par la consommation de masse, succède une régulation par la pauvreté de masse, qui n'a pas été décrite faute d'un concept de pauvreté suffisamment élargie.
Les travaux de l'école de la régulation (M. **Aglietta**, A. **Lipietz**, R. **Boyer**, J. **Mistral**) permettent d'isoler **cinq formes institutionnelles qui vont produire un mode de régulation de la vie économique.** Ces 5 formes produisent à l'heure actuelle de la pauvreté.

1. De nouvelles formes de concurrence

Au milieu des années 1970, une nouvelle politique industrielle, baptisée « le redéploiement industriel » est mise en place. Les modalités de cette adaptation de l'économie à la concurrence internationale ont constitué des facteurs importants de chômage et de pauvreté psychologique : La spécialisation dans la haute technologie favorise la substitution du capital au travail, le remplacement des hommes par « les machines » ; ***la restructuration des secteurs les moins rentables*** entraîne le chômage, obligeant à plus de qualification, plus de mobilité et de flexibilité, changements qui ont fait naître une nouvelle forme de travail : ***l'intérim.*** Quant aux ***délocalisations,*** elles transfèrent l'emploi à l'extérieur du territoire national, où les conditions de profit sont maximales, et elles ont été accentuées par la logique du capitalisme actionnarial.

2. Une nouvelle organisation du travail

L'insertion dans l'économie mondiale impose une méthode de gestion plus contraignante. Le pays qui a impulsé le changement est le Japon, en raison de la supériorité de son modèle de gestion. ***Le principe du « juste-à-temps » (JAT) en est un élément essentiel.*** Produire juste à temps permet d'éviter les files d'attente et les goulets d'étranglement, ou au contraire les ruptures, tous imprévus synonymes de coûts

inutiles pour le client mais qui ne manquent pas de se produire dans un processus de production classique.
Le principe du juste à temps est une des composantes d'une méthode baptisée ***les cinq zéros : zéro défaut*** (qualité totale réalisée avec un effectif minimum), ***zéro stock*** (ce qui implique une forte coopération entre les salariés des différents niveaux hiérarchiques), ***zéro délai*** (Jat), ***zéro panne*** et ***zéro papier***. Cette méthode, qui impose une adaptation permanente, génère une grande flexibilité et une précarité croissante. Quand il n'y a pas de commande, les salariés n'ont pas de travail et sont mis en chômage. Cette organisation favorise les CDD. ***Elle est source de stress et de pauvreté psychologique.***

3. Un nouveau rapport salarial

À partir du 2e semestre 1982, afin d'obtenir une désinflation compétitive, le principe de formation du salaire direct va obéir à une logique de désindexation qui se retrouve aussi au niveau du salaire indirect, puisque les retraites vont aussi être désindexées. ***La désindexation***, qui consiste à ne plus augmenter les salaires au même niveau que l'inflation, permet d'importantes économies budgétaires (au moins 15 milliards d'euros par an en moyenne) mais va entraîner une paupérisation relative des fonctionnaires. Les augmentations de salaires ne pouvant être à la fois généralisées et substantielles, une nouvelle hiérarchie des qualifications est mise en place, assurant des promotions, ***par le biais de salaires individualisés.***

4. La monnaie européenne et ses contraintes

L'économie de rigueur s'explique en partie par les contraintes qui pèsent sur les économies européennes participant à l'euroland. Pour assurer la stabilité de la monnaie unique, des ***critères de stabilité*** ont été mis en place. ***La stabilité des prix***, suppose que l'inflation soit maîtrisée, entraînant la poursuite de la désindexation des salaires. Quant à la résorption du ***déficit*** et de ***l'endettement***, les difficultés sont réelles. Pour maintenir intact leur niveau de consommation, les ménages ont puisé dans leur épargne et font appel au crédit. En conséquence, la consommation repose de plus en plus sur la désépargne, le crédit et le surendettement :
Le taux d'épargne remonte à partir de 1989, mais il est loin d'atteindre en 2008 (15,3 %) les taux d'avant le premier choc pétrolier (20 % en 1973). Le taux d'endettement français a augmenté en l'espace de dix ans de plus de 13 %. Il s'élevait à 68,4 % du revenu disponible, à la fin de l'année 2006, contre 64,1 % en 2005. Ce niveau demeure inférieur à ceux de la zone euro, du Royaume-Uni ou des États-Unis. La moyenne de la zone euro est à 80 % du revenu disponible, 40 % du revenu disponible en Italie et avoisine 100 % en Allemagne. ***Le surendettement, atteint le million de ménages en France.***

5. Une nouvelle régulation étatique

La crise du fordisme, aggravée par la multiplication des droits sociaux, ***a rendu incompatibles la croissance généralisée des salaires et celle des profits.*** Désormais l'État doit intervenir pour modifier les compromis issus du fordisme : il doit déréglementer. Parmi toutes les mesures prises dans les domaines économique, monétaire, et social, la désindexation des traitements des fonctionnaires est la plus significative en terme de pauvreté. La déréglementation qui trouve sa justification dans l'analyse de F.A. **Von Hayek** qui critique l'État-providence, l'excès d'impôt et de réglementation, s'est développée en France, depuis le début des années 1980. De nombreuses mesures allant dans le sens d'une modification, ou d'une suppression des règles administratives, ont été prises sous les gouvernements successifs : transformation du marché des changes, privatisations, libération des prix, diminution de l'impôt sur les sociétés, gel des salaires des fonctionnaires en 2011.

III. Les politiques anti-pauvreté depuis 1974

A– Les minimas sociaux

La France compte 3,4 millions d'allocataires des minima sociaux, et six millions de bénéficiaires en incluant enfants, conjoints, etc. Jusqu'en 1975 deux allocations étaient versées : le minimum vieillesse et le minimum invalidité. Jusqu'en 2009, il existe **dix minimas sociaux** : neuf applicables sur l'ensemble du territoire et un dixième spécifique aux DOM (La Guadeloupe, la Martinique, la Guyane « française », la Réunion, et en 2011 Mayotte. À partir de juin 2009, le RSA remplace le RMI et l'API. Les minimas sociaux peuvent être caractérisés comme des prestations couvrant des besoins essentiels en situation de dénuement.

Tableau 6.3. **Les minimas sociaux en France**

1. Les allocations du minimum vieillesse (ASV et ASPA). 1956-2007.
L'allocation supplémentaire vieillesse **(ASV)** s'adresse aux personnes âgées de plus de 65 ans (60 ans en cas d'inaptitude au travail) et leur assure un revenu égal au minimum vieillesse. L'allocation de solidarité aux personnes âgées **(ASPA)** entrée en vigueur en 2007, se substitue à l'ASV.
586 700 bénéficiaires. Montant : **621,27 euros** mensuels.

2. L'allocation supplémentaire d'invalidité (ASI). 1957.
Elle bénéficie aux titulaires d'une pension d'invalidité servie par le régime de sécurité sociale au titre d'une incapacité permanente.
101 000 bénéficiaires fin 2007. **376,68 euros** pour une personne seule au 1er avril 2009. **621,58 euros** par mois lorsque les deux conjoints en bénéficient.

3. L'allocation aux adultes handicapés (AAH). 1975
Pour les personnes handicapées ne pouvant prétendre ni à un avantage vieillesse, ni à une rente d'accident du travail.
813 200 bénéficiaires. **Prestation de 682 euros par mois en 2009.**

4. L'allocation de parent isolé (API). 1976
Pour les personnes sans conjoint assumant seules la charge d'enfants (enfant à naître, de moins de trois ans, dans certains cas, de trois ans ou plus)
205 400 bénéficiaires fin 2007. **561,18 euros** pour une femme enceinte sans enfant à charge + un forfait logement de 52,90 euros.

5. L'allocation veuvage (AV). 1980
Elle est accordée aux conjoints survivants d'assurés sociaux décédés. Elle est supprimée le 1er janvier 2011.
5 400 bénéficiaires fin 2007. Prestation de **565,31 euros** par mois en 2009, servie pendant deux ans.

6. L'allocation de solidarité spécifique (ASS). 1984.
Allocation chômage s'adressant aux chômeurs ayant épuisé leurs droits à l'assurance chômage et qui justifient d'au moins cinq ans d'activité salariée au cours des dix années précédant la rupture de leur contrat de travail.
347 900 bénéficiaires. Le montant de l'ASS est fixé à 14,96 euros/jour.

7. L'allocation temporaire d'attente (ATA) 2002, qui remplace l'AI (1984).
Allocation chômage qui remplace en 2006, l'allocation d'insertion de 1984. Réservée à des populations ciblées : détenus libérés, réfugiés politiques, etc.
22 000 bénéficiaires. 10,38 euros par jour en 2008.

8. Le revenu minimum d'insertion (RMI), 1988, remplacé à partir de juin 2009 par le RSA.
Il garantit des ressources minimales à toute personne âgée d'au moins 25 ans ou assumant la charge d'au moins un enfant né ou à naître.
1 172 100 bénéficiaires. Prestation de 454,63 euros pour une personne seule et 681,95 euros pour un couple au 1er janvier 2009.

9. Le revenu de solidarité (RSO) spécifique aux DOM. 2001.
Prestation réservée aux personnes d'au moins 50 ans, bénéficiaires du RMI depuis au moins deux ans, et qui n'exercent pas d'activité professionnelle.
12 000 bénéficiaires. **968 euros** par mois au 1er janvier 2008.

10. L'allocation équivalent retraite (AER) créée en 2002.
Allocation chômage qui constitue un revenu de remplacement ou de complément au profit des demandeurs d'emploi qui totalisent, en 2007, 160 trimestres.
68 500 bénéficiaires **968 euros** par mois au 1er janvier 2008.

11. Le revenu de solidarité active (RSA). 1er juin 2009.
Il remplace le RMI, et comprend deux composantes : **un RSA socle, et un RSA chapeau.**
Plusieurs millions de personnes sont potentiellement concernées. Pour une personne qui bénéficie du revenu minimum d'insertion (RMI) ou de l'allocation de parent isolé (API), le montant du RSA sera identique au RMI ou à l'API perçu, à situation inchangée.

Source site internet de la sécurité sociale

B– Les aides

D'autres prestations ont été mises en place comme l'Aide personnalisée au logement (APL) voir chapitre 5.

C– Les politiques d'insertion

1. RMI et insertion (1988)

Le RMI est alloué à toutes les personnes qui résident en France depuis au moins trois ans, et qui ne doivent pas avoir de ressources égales ou supérieures au montant du RMI, soit en 1988, 2 000 francs, pour une personne seule. En 2010, le RMI et le RSA mensuel sont de 460,09 euros. ***Le RMI est une allocation qui ne devait pas inciter au non-travail, il est donc situé au-dessous du SMIC.***

En principe, ***les adultes de moins de 25 ans n'ont pas droit au RMI,*** mais celui-ci peut être octroyé dans certains cas (ex : couple avec enfant à charge).

Le RMI peut compléter d'autres revenus. ***Il s'agit d'une allocation différentielle.*** Le RMI est versé sous condition de tentative d'insertion, définie dans la circulaire du 9 mars 1989 : une ***insertion sociale pour*** les personnes les plus marginalisées (alphabétisation, conseils pour les démarches) ; une ***insertion professionnelle*** pour ceux qui doivent, être requalifiées par des stages ; ***l'insertion économique*** pour les personnes immédiatement insérables sur le marché de l'emploi ; elles peuvent occuper un emploi d'intérêt général.

2. Le plan de « prévention et de lutte contre les exclusions » (1998-2001)

Trois projets de loi vont le concrétiser :

Le projet de loi sur l'exclusion. Présenté au Conseil des ministres le 25 mars 1998, il contient des mesures axées en priorité sur l'emploi (20 % des emplois jeunes seront réservés aux habitants des quartiers sensibles), le logement (certains logements vides seront surtaxés), l'éducation (les ZEP seront relancés), le règlement du surendettement.

Le projet de loi sur la Sécurité sociale. Il institue le principe d'une ***couverture maladie universelle (CMU)*** pour permettre l'accès aux soins des personnes les plus démunies. Un accès automatique à la Sécurité sociale sera ouvert à toutes les personnes et les familles qui ne relèvent d'aucun régime professionnel, et ce, dès l'âge de 16 ans ; un dispositif permettra aux 2,5 millions n'ayant pas d'assurance maladie complémentaire d'être exonérées du forfait hospitalier et de certaines dépenses spécifiques (soins dentaires et lunetterie).

Le projet de loi sur « l'accès à la justice » et la citoyenneté. Les SDF pourront s'inscrire sur les listes électorales de la commune où se trouve leur centre d'hébergement. Les centres départementaux d'aide juridique seront généralisés.

3. La Loi Tepa (21 août 2007).

Son application cherche à limiter l'appauvrissement des classes moyennes (par la diminution de la fiscalité) et des catégories les plus fragiles (par l'octroi du RSA).

Limiter la pauvreté des classes moyennes. Le principal objectif de la loi TEPA est d'augmenter la richesse produite en augmentant le capital productif de l'économie et les heures travaillées. Cette politique de l'offre qui s'appuie sur un principe ***travailler plus pour gagner plus*** et qui institue une défiscalisation des heures supplémentaires utilisée par 5,5 millions de salariés, est contrebalancée par une politique de soutien direct de la demande.

Le revenu de solidarité active (le RSA). La loi TEPA institue également le RSA, à l'essai. Le RSA a été imaginé en 2005, par le Président d'Emmaüs, Martin Hirsch, devenu Haut commissaire aux solidarités actives dans le gouvernement de Nicolas Sarkozy, ***pour sortir de la trappe à pauvreté*** qu'était devenu le RMI. Nombre de Rmistes estimaient ne pas avoir intérêt à travailler, puisque ce qu'ils auraient gagné en plus du RMI leur serait retiré du montant de cette aide publique. ***Le RSA, inscrit dans le programme de gouvernement de la gauche, doit opérer comme une aide au retour à l'emploi.*** Son financement ***sera assuré par une taxe sur les revenus du patrimoine.***

Le RSA remplace le RMI et l'allocation parent isolé et il intervient en complément de revenu pour les travailleurs pauvres ou dès qu'un allocataire du RMI ou de l'API prend ou retrouve un emploi. Le RSA a été expérimenté depuis le 1er février 2008 dans 33 départements. Dans le Morbihan, les travailleurs pauvres ont reçu, en plus du RMI, un complément moyen de 161 euros. Pour les 550 « parcours RSA » signés de février à décembre 2008 : ***73 % des allocataires étaient à temps partiel, 33 % travaillaient moins de 20 heures par semaine.***

IV. Résultats et comparaisons internationales

A– La persistance de la misère

Les progrès accomplis ne doivent pas faire oublier que la pauvreté est un phénomène durable et multiforme, qui a tendance à croître.

1. Une augmentation des bénéficiaires du RMI/RSA

Les conseils généraux qui ont récupéré le dispositif du RMI, depuis la loi du 18 décembre 2003 enregistrent une augmentation du nombre de bénéficiaires et du coût du dispositif.

Tableau 6.5. **Évolution du nombre de bénéficiaires du RMI, puis du RSA**

Années	Nombre d'allocataires	Coût
1989 RMI	407 081	6 milliards de francs
1997 RMI	1 067 901	23,1 milliards de francs
2007 RMI	1 151 000	> 5 milliards d'euros
2008 RMI	1 121 000	> 5 milliards d'euros
2010 (mars) RSA	1 319 000	10 milliards d'euros (estimation)

Source CNAF-DSER

L'ensemble des bénéficiaires du RSA socle (majoré ou non) est de 1,319 million en mars 2010. Le coût du RSA est estimé à 10 milliards d'euros.
Les prestations sociales, représentent 5,4 % du revenu disponible moyen des ménages mais comptent pour le tiers du revenu disponible des ménages pauvres. Cette explosion des coûts du RMI, ne serait pas toujours compensée par l'État.
Le RSA qui remplace le RMI présente des défauts. Il est limité aux bénéficiaires du RMI et de l'API. Il ne concerne pas les jeunes, les travailleurs pauvres et les personnes en contrat aidés qui vivent en dessous du seuil de pauvreté. Il peut inciter les employeurs à proposer des salaires faibles ou des temps partiels subis, à partir du moment où se trouve garantie une compensation de salaire pour permettre au « Rsiste » d'atteindre le seuil de pauvreté.

2. Le constat du secours catholique

Les populations, n'ayant pas de revenu, pas de logement, et parfois pas de papier, sont aidées par le Secours catholique grâce à son réseau associatif de 63 800 bénévoles, animant 2 430 lieux d'accueil. En 2008, le Secours catholique a rencontré 633 000 situations de pauvreté (personnes ou familles en difficulté), soit 1 450 000 personnes :

- **Les femmes** représentent 54,4 % des personnes accueillies en 2008 alors qu'elles n'étaient que 51 % en 1999. 90 % vivent en dessous du seuil de pauvreté.
- **Augmentation de la part des personnes âgées de 50 ans et plus**. Près du quart des personnes âgées de 50 à 59 ans ne travaillent pas en raison de leur état de santé (invalidité ou état dépressif).
- **Progression de l'isolement.** En 1999, 31,4 % des ménages étaient des personnes seules ; en 2008, elles représentent 34,8 % des ménages.
- **Les intérimaires et les saisonniers** sont dix fois plus représentés qu'ils ne le sont dans la population. Les emplois atypiques et à temps partiel exposent à la pauvreté.
- **L'élévation du niveau de formation :** près de 60 % des accueillis avaient un niveau primaire en 1999, ils ne sont plus que 40 % en 2008 ; 25 % avaient un niveau secondaire (CAP, BEP), ils sont près de 40 % en 2008.
- **Les personnes sans domicile fixe (SDF)** vivant en centre d'hébergement, en squat ou à la rue représentent une fraction constante, de 11 à 12 % des situations rencontrées, 104 000 personnes, dont 26 000 enfants.
- **Les étrangers représentent 26,7 % de l'ensemble des situations.**

Tableau 6.6 « **Situations de pauvreté** » **rencontrées par le Secours catholique**

Années	Ménages pauvres	Nombre de personnes
2005	672 000	1 520 000
2006	635 000	1 460 000
2007	619 000	1 400 000
2008	633 000	1 450 000

3. Le rôle des restaurants du cœur

Les restaurants du cœur sont une organisation essentiellement financée par les donateurs et les collectivités publiques. Ils sont animés par des bénévoles, ce qui permet de réduire les frais généraux à 8 % et de consacrer plus de 90 % des ressources financières aux actions. La loi Coluche (1998) permet aux petits donateurs de bénéficier d'avantages fiscaux jusque-là réservés aux grands donateurs. La loi Borloo de 2005 a fait passer la réduction d'impôts à 75 % pour un don allant jusqu'à 488 euros. Au-delà, et dans la limite de 20 % des revenus, la réduction est de 66 %.

B– La pauvreté monétaire en France : diminution sur le long terme, augmentation depuis 2000

La pauvreté monétaire relative, définie doublement : ***par un seuil de pauvreté égal à 50 %, et 60 % du revenu médian,*** de la population a diminué sur une longue période. Mais depuis 2000, il y a à nouveau une progression.

Tableau 6.6. **Nombre de pauvres en % du revenu médian**

Années	Seuil à 50 % rev. méd.	Seuil à 60 % rev. méd.
1970	5 785 000	8 649 000
1979	4 359 000	7 454 000
1990	3 751 000	7 848 000
2000	3 742 000	7 328 000
2006	4 216 000	7 862 000

Source INSEE

Les minimas sociaux mais aussi les commissions de surendettement jouent un rôle important dans la lutte contre la pauvreté.
En 2008, 188 485 ménages ont déposé un dossier de surendettement, 33 000 ont été orientés vers *un plan de rétablissement personnel (PRP),* c'est-à-dire un effacement des dettes. Créée par la loi d'orientation et de programmation pour la ville et la rénovation urbaine (août 2003), la procédure de rétablissement vise à effacer les dettes d'un particulier. ***Le nombre de ménages en cours de « désendettement »*** ayant bénéficié d'une mesure destinée à remédier à leur état de surendettement peut être évalué à ***726 000 à la fin mars 2009.***

C– La pauvreté monétaire en Europe

En 2010, l'Europe a centré ses objectifs sur la lutte contre la pauvreté : *17 % de la population européenne* est encore au-dessous du seuil de pauvreté.

1. En France... 13 % de pauvres

Les pays nordiques, l'Autriche et les Pays-Bas sont les États où le taux de pauvreté est le plus faible avec 11 à 12 % de pauvres.

Tableau 6.6. **Taux de pauvreté dans l'Union européenne en 2008, après transferts sociaux, par ordre croissant de pauvreté**

Pays-Bas	11,00 %	Pologne	17,00 %
Autriche	12,00 %	Portugal	18,00 %
Suède	12,00 %	Royaume-Uni	19,00 %
Danemark	12,00 %	Italie	19,00 %
France	**13,00 %**	Espagne	20,00 %
Finlande	14,00 %	Grèce	20,00 %
Belgique	15,00 %	Bulgarie	21,00 %
Allemagne	15,00 %	Roumanie	23,00 %
Irlande	16,00 %	**Union europ.**	**17,00 %**

Source Eurostat

Les taux les plus élevés sont à relever en Europe de l'Est, en Roumanie et en Bulgarie, respectivement 23 et 21 % de pauvres. Le seuil retenu est le revenu médian de chaque pays. ***Les niveaux de vie des pays de l'Est sont nettement inférieurs à ceux de l'Ouest.*** La pauvreté absolue y est souvent répandue.

L'impossibilité de subvenir à ses besoins essentiels (se nourrir, se loger) y demeure fréquente. L'alimentation représente 59 % des achats des ménages en Roumanie.

2. Les minimas sociaux en europe

Une étude de la DREES (*Études et Résultats*, n° 464, février 2006) établit « un panorama des minimas sociaux en Europe ». Ces minimas n'existent que dans certains pays. L'étude a concerné quatorze États membres de l'UE.

Tableau 6.7. **Les minimas sociaux dans 14 pays de l'Union européenne**

Pays.	Année de création	Nom	Bénéficiaires en % de la population totale
Royaume-Uni	**1948**	Income support	3,70 %
Suède	**1957**	Ekonomiskt bistand	3,20 %
Finlande	**1957**	Toimeentulotuki	6,00 %
Allemagne	**1961**	Sozialhilfe	3,40 %

Pays.	Année de création	Nom	Bénéficiaires en % de la population totale
Autriche	**dépend des Lands.**	Sorialhilfe	0,70 %
Pays-Bas	**1963**	Allgmeine Bijstandwet	Non disponible
Belgique	**1974**	Minimex, puis revenu d'intégration	0,80 %
Danemark	**1974**	Kontanthjoelp	3,00 %
Irlande	**1977**	Supplementary Welfare Allowance	1,20 %
Luxembourg	**1986**	Rev. minimum garanti	2,30 %
France	**1988**	**RMI**	2,00 %
Espagne	**1989-1995**	Renta minima	0,61 %
Portugal	**1997**	Revenu social d'insertion	3,10 %
Italie	**1998-2002**	Reddito Minimo di Inserimento	0,20 %

Source DREES, 2006

Conclusion du chapitre :

De multiples mesures ont été prises pour éliminer la pauvreté : le RMI (1988), le RSA (2007). Ces minimas sociaux ont accompagné les autres politiques sociales : politique du logement, de l'éducation, de la protection sociale, etc. Il est cependant difficile de tirer des conclusions sur une possible régression du phénomène de pauvreté, dans la mesure où la seule pauvreté qui est prise en compte par les organismes officiels (l'INSEE, par exemple) ne recouvre qu'une partie de la pauvreté monétaire. Un concept aux contours plus étendus, intégrant toutes les formes de pauvreté, produites par le système productif, montrerait l'émergence d'une pauvreté de masse, que seule une régulation à l'aide d'un nouveau modèle de production, de consommation et de répartition, pourrait endiguer. Cependant la mondialisation montre que le traitement de la pauvreté ne peut se faire à l'échelle d'un seul pays et suppose l'émergence d'une gouvernance mondiale.

7 chapitre

Les autres politiques sociales

Les femmes, qui ont conquis depuis plus d'un siècle un grand nombre de libertés, bénéficient de droits de plus en plus importants. La législation devient aussi plus favorable **aux enfants** et **aux handicapés**, mais pas **aux immigrés**. Quant à **la politique de la culture**, elle participe à la reconnaissance des groupes sociaux les plus défavorisées. Pour éviter les discriminations l'action de **la HALDE** est décisive et celle **des associations et des syndicats** indispensables à la cohésion sociale.

I. Les politiques sociales envers les femmes

L'égalité entre les sexes suppose de multiples évolutions dans le domaine de l'instruction, de l'emploi, de la famille, et dans la sphère politique. Celles-ci sont favorisées par ***le traité d'Amsterdam (1997)*** qui a inscrit l'égalité entre les femmes et les hommes parmi les principes fondateurs de la Communauté européenne.

A– L'accès à l'instruction

En France. En 2009 la part des femmes dans l'enseignement supérieur s'établit à 55,9 %. Cette part a augmenté de 2,7 points en 20 ans.

Tableau 7.1. **L'évolution de la féminisation en France par type d'établissement**

	Effectifs 1990-1991	Effectifs 2000-2001	Effectifs 2008-2009	Part des femmes en 1990-1991	Part des femmes en 2008-2009
Universités	1 075 064	1 254 288	1 265 832	**55,80 %**	**60,00 %**
IUFM		80 184	64 037	-	74,70 %

	Effectifs 1990-1991	Effectifs 2000-2001	Effectifs 2008-2009	Part des femmes en 1990-1991	Part des femmes en 2008-2009
IUT	74 328	119 244	118 115	36,90 %	40,30 %
CPGE	64 427	70 263	84 069	35,00 %	42,10 %
STS	199 333	238 894	234 164	50,50 %	50,80 %
Écol. ingén.	57 653	96 487	114 427	19,90 %	25,50 %
Écol. Com.	46 128	63 392	100 609	44,40 %	47,80 %
Écol. architec.	15 702	15 997	15 669	38,20 %	54,70 %
Écol. sup. artis	23 363	32 872	40 870	58,60 %	60,80 %
Écol. paramd. et sociales.	74 435	93 386	134 407	81,40 %	81,60 %
Autres écoles	86 627	95 246	59 546	57,60 %	30,6 ou 55
Ens. du sup.	**1 717 060**	**2 160 253**	**2 231 745**	**53,20 %**	**55,90 %**

Source MEN

En Europe, les femmes ont de meilleurs parcours scolaires que les hommes, mais elles sont aussi minoritaires parmi les diplômés de mathématiques, sciences et technologies. La France occupe la 15e place pour l'accès des femmes au niveau secondaire (85 % contre 81 % pour les hommes), contre 93 % à la Pologne qui réussit le mieux ; la France se trouve à la 12e place pour les diplômées du supérieur (28,2 %), près de 42 % à la Finlande.

B– L'émancipation par l'emploi

En 1975, une loi abolit la discrimination sexiste à l'embauche. En 1980, une autre loi prohibe le licenciement d'une femme enceinte, et porte le congé de maternité à seize semaines. ***La loi du 13 juillet 1983 sur l'égalité professionnelle*** entre les hommes et les femmes interdit toute discrimination sexiste. En 1986, une circulaire légalise l'emploi du féminin pour les noms de métiers et les fonctions D'autres lois vont suivre : assouplissement des restrictions sur le travail de nuit (1987), loi contre le harcèlement sexuel (2002), renforcement de la loi de 1983 sur l'égalité professionnelle (2001) et ***en 2005, nouvelle loi sur l'égalité professionnelle***, mais sans critère contraignant ni sanction, en cas de non-respect.

1. Taux d'activité et taux d'emploi

En 1975, 50 % des femmes âgées de 15 à 64 ans étaient actives, en emploi ou en chômage (contre 85 % des hommes), *en 2008, selon l'INSEE le chiffre était de 65 % (75 % pour les hommes)* ; l'écart se réduit mais reste en faveur des hommes.
Les taux d'emploi des femmes sont moins élevés. En Europe en 2008, avec un taux d'emploi de 60 % chez les femmes, 69,30 % chez les hommes, la France se trouve en quinzième position. Le Danemark occupe la première place (73,20 %), la Suède (71,80 %) la seconde, l'Allemagne (64 %) la neuvième, la Grèce (47,90 %), l'Italie (46,6 %) et Malte (36,90 %) avec des taux inférieurs à 50 % sont aux derniers rangs. Mais ***la France compte 38 % de femmes chefs d'entreprise et se trouve à la première place en Europe***, contre 34 % à l'Italie, 29 % à l'Allemagne et 13 % à Chypre.

2. Temps partiel, précarité, écarts de rémunération, chômage

Le temps partiel en France est très majoritairement féminin puisque parmi les quelque 5 millions d'actifs (sur 28 millions recensés en 1985 en France métropolitaine) à temps partiel, 83 % sont des femmes. Le temps partiel représente 31 % de leurs emplois. (Geneviève **Bel**, *Conseil économique et social,* Paris, 2008).
La précarité. En moyenne, près de 5 % des actifs sont en situation de sous-emploi, et dans huit cas sur dix, il s'agit de femmes.
Les rémunérations. Avec des écarts moyens de 12 % entre salaires des hommes et des femmes en 2007, la France se trouve en dixième position en Europe. Les pays où les écarts sont les plus grands sont : 1er Chypre (25 %), 4e l'Allemagne (22 %), 5e le Royaume-Uni (20 %), et les mieux placés sont la Belgique (7 %), Malte (4 %). L'INSEE fournit des écarts plus importants. En 2007 pour la France, l'écart de rémunération entre hommes et femmes pour les salariés du secteur privé et semi-public, était de 19,1 %. Structures des emplois, caractéristiques des individus et horaires de travail, expliquent une grande part des écarts de salaires entre femmes et hommes. Mais ***les femmes peuvent pâtir d'une pénalisation spécifique, la discrimination salariale***, qui se manifesterait alors par une moindre rémunération de leurs caractéristiques productives. (Sophie **Ponthieux**, Dominique **Meurs**, *Revue de l'OFCE* n° 90, 2005)
Le chômage des femmes est plus important que celui des hommes dans la quasi-totalité des pays européens. La France en 2008, est particulièrement mal classée. Elle se trouvait en 22e position pour le chômage des femmes avec un taux de 8,90 %. En Allemagne (8,3 %), en Italie (7,9 %), en Suède (6,4 %), au Danemark (4,2 %), en Irlande (4,2 %), les taux sont plus bas. Le pays qui réussit le mieux est ***les Pays-Bas avec 3,6 % de taux de chômage pour les femmes, et 2,80 % pour les hommes.***

Tableau 7.2. **Le chômage des hommes et des femmes en Europe**

Pays	Nb. de chômeurs en milliers	Taux de chômage des femmes	Taux de chômage des hommes	Taux de chômage total
1. Pays-Bas	277,9	3,60 %	2,80 %	3,20 %
2. Estonie	32	3,90 %	5,40 %	4,70 %
3. Irlande	103	4,20 %	4,90 %	4,60 %
4.Danemark	111	4,20 %	3,50 %	3,80 %
5. Lituanie	69	4,30 %	4,30 %	4,30 %
6. Chypre	15	4,60 %	3,40 %	3,90 %
7.Roy. Uni	1 623	4,90 %	5,60 %	5,30 %
8. Autriche	185	5,00 %	3,90 %	4,40 %
9. Roumanie	641	5,40 %	7,20 %	6,40 %
10.Lettonie	71	5,60 %	6,40 %	6,00 %
11. Luxembourg	10	5,70 %	4,00 %	4,70 %
12. Slovénie	50	5,80 %	4,00 %	4,80 %
13. Suède	296,2	6,40 %	5,80 %	6,10 %
14. Rép. tchèq.	277	6,70 %	4,20 %	5,30 %
15. Finlande	183,4	7,20 %	6,50 %	6,90 %
16. Bulgarie	240	7,30 %	6,50 %	6,90 %
17. Malte	11	7,60 %	5,80 %	6,40 %
18. Hongrie	312	7,70 %	7,10 %	7,40 %
19. Italie	1 506	7,90 %	4,90 %	6,10 %
20. Allemagne	3 601,9	8,30 %	8,40 %	8,40 %
21. Belgique	353	8,40 %	6,70 %	7,50 %
22. France	2 374	8,90 %	7,80 %	8,30 %
23. Portugal	449	9,60 %	6,60 %	8,00 %
24. Pologne	1 619	10,30 %	9,00 %	9,60 %
25. Espagne	1 834	10,90 %	6,40 %	8,30 %

PAYS	NB. DE CHÔMEURS EN MILLIERS	TAUX DE CHÔMAGE DES FEMMES	TAUX DE CHÔMAGE DES HOMMES	TAUX DE CHÔMAGE TOTAL
26. Slovaquie	296	12,70 %	9,90 %	11,10 %
27. Grèce	407	12,80 %	5,20 %	8,30 %
UE à 27	16 945	7,80 %	6,60 %	7,10 %

Source Eurostat 2008

C– L'émancipation dans le domaine familial

Les revendications des femmes sont triples : choisir librement de former un couple, choisir d'avoir (ou non) des enfants, ne plus subir de violences.

1. Le libre choix de former un couple

Il y a actuellement trois formes d'unions : le mariage civil, le pacte civil volontaire (PACS), le concubinage ou union libre. Mais il y a de plus en plus de divorces, de familles recomposées et d'unions libres.

Une diminution du nombre de mariages civils. Entre 2000, et 2009, le nombre de mariages a diminué de 16 % en France, passant de 300 000 à 250 000. L'âge moyen au mariage est plus tardif : 29,9 ans en 2000, 31,6 ans en 2008, pour les hommes, et pour les femmes 29,6 contre 28 ans. Entre 1914 (20 000 divorces), et 2008 (130 000) le nombre de divorces a été multiplié par 6,5.

Une forte progression du nombre de PACS. Instauré en 1999, le PACS s'adresse autant aux couples homosexuels qu'aux couples hétérosexuels. Le nombre de PACS entre hommes reste minoritaire (3 % du total), ainsi que celui entre femmes (2 % du total). Son nombre a été multiplié par 24 : 6 139 pacs en 1999, 144 730 en 2008.

Cinq millions de Français en unions libres et 700 000 familles recomposées. 25 millions de Français sont mariés, 5 millions vivent en concubinage. La proportion d'unions libres parmi les couples est de 17 % en France, 30 % en Suède. Selon les chiffres de l'INSEE, 52 % des bébés sont nés hors mariage en France en 2008, ce chiffre était de 6 % dans les années 1970.

2. Le libre choix de procréer

Dans ce combat, les femmes ont disposé d'une structure essentielle : le Mouvement français pour le planning familial (MFPF). Celui-ci poursuit plusieurs objectifs : *« (...) étude des problèmes de la maternité, de la natalité, de leurs répercussions* *familiales, sociales et nationales ; recherche des informations scientifiques françaises et étrangères relatives à ces problèmes »* (*Encyclopaedia Universalis*). **En 1973, le mouvement qui dispose de plus de 300 centres et revendique 100 000 adhérents, s'engage dans la lutte pour la légalisation de l'avortement qui sera consacré en 1975 par *la loi Veil*.** En 1992, une loi punit le « délit d'entrave à l'interruption volontaire de grossesse ». Le MFPF a fêté son 50e anniversaire le 18 mars 2006 à la Mutualité à Paris. Les restrictions budgétaires risquent cependant d'entraîner la fermeture des accueils du MFPF.

3. S'affranchir des violences… le 3919

Selon l'enquête « Cadre de vie et sécurité » menée début 2007, 3,3 % des femmes âgées de 18 à 59 ans ont déclaré avoir subi au moins une agression physique ou sexuelle de la part d'une personne vivant avec elles. Dans le ménage, la violence physique est nettement plus fréquente que la violence sexuelle. *Les jeunes femmes sont les plus vulnérables.* Hors du ménage, une femme sur cinq âgée de 18 à 29 ans a essuyé des injures, une sur dix a subi des caresses et des baisers non désirés et autant des menaces. Quelques dates importantes :

1991. Lancement par le gouvernement d'***un numéro national le 39 19*** et d'une plateforme internet stop-violences-femmes.gouv.fr1991. La loi définit l'abus d'autorité en matière sexuelle dans les relations de travail. Une écoute téléphonique, Femmes Info Service (01 40 33 80 90) est créée.

1993. Une loi fait encourir cinq ans de prison à l'auteur ***d'un acte de violence conjugale*** entraînant une interruption de travail de plus de huit jours. Le viol, est désormais un crime que le Code pénal français punit de dix à vingt ans de réclusion criminelle, et de réclusion à perpétuité en cas de viol collectif.

1992-1994. Le harcèlement sexuel est réprimé par une loi du 2 novembre 1992, entrée en vigueur le 1er mars 1994 (mais il ne concerne pas les salariées situées au même niveau hiérarchique).

2006. La loi renforce la prévention et la répression des violences au sein du couple. Pour la première fois, ***Amnesty International (AI) publie un rapport sur les violences faites aux femmes en France.***

2007. Loi qui crée dans les violences volontaires et les agressions sexuelles une circonstance aggravante liée à l'emprise alcoolique ou de stupéfiants.

Le 24 février 2010. Amnesty International France (AIF) publie un rapport intitulé ***Lutte contre les violences faites aux femmes : la France doit mieux faire***. La violence contre les femmes au sein du couple ne diminue pas. En 2008, 156 femmes sont décédées, victimes de leur compagnon ou ex-compagnon. En 2006, ces violences représentaient un coût annuel estimé à 2,5 milliards d'euros.

D– La parité dans le domaine politique

Favorisée depuis 1999 par une réforme constitutionnelle, la parité donne des résultats mitigés.

1. Définition et lois

Au sens large, la parité est une exigence d'égalité entre les sexes, illustrée par les publications de l'INSEE (*Femmes et hommes. Regards sur la parité*), réactualisées chaque année tous les 8 mars (journée internationale de la femme) et concerne tous les domaines : famille, éducation, emploi (Réjane **Sénac-Slawinski**, 2008). Le terme est défini juridiquement comme « ***l'égalité quantitative garantie pour l'accès à certaines fonctions électives*** ». La parité à fait l'objet de plusieurs lois :
La réforme constitutionnelle de Juin-Juillet 1999 va favoriser la promulgation des lois sur la parité.
La loi du 6 juin 2000 tend à favoriser l'égal accès des femmes et des hommes aux mandats électoraux et aux fonctions électives.
La loi du 4 juillet 2000 s'étend à la Nouvelle-Calédonie, à la Polynésie française et à Wallis-et-Futuna.
La loi du 31 janvier 2007 tend à promouvoir l'égal accès des femmes et des hommes aux mandats électoraux et aux fonctions électives.

2. Résultats

Dans le domaine politique, en France, il semble exister « un plafond invisible » interdisant aux femmes d'accéder aux responsabilités de premier plan. Les femmes restent encore minoritaires parmi les élus (à l'encontre de nombreux pays occidentaux). Si la loi sur la parité a permis de faire élire beaucoup plus de femmes dans les conseils municipaux (47,5 % des conseillers dans les communes de plus de 3 500 habitants en 2001) et régionaux (pour ces derniers 27,5 % de femmes élues en 1998, 47,6 % en 2004), elles n'ont pas forcément accédé à des fonctions de responsabilité locale (seulement 6,6 % des maires des communes de plus de 3 500 habitants).

II. Les politiques pour les personnes handicapées

Un travailleur handicapé est, selon la loi d'orientation de juin 1975, une « *personne dont les possibilités d'acquérir ou de conserver un emploi sont effectivement* *réduites par suite d'une insuffisance ou d'une diminution de ses capacités physiques ou mentales* » **(article L. 323-10). Le** *Tableau de bord sur l'emploi et le chômage des personnes handicapées* **établi par la DARES en 2009 fait apparaître deux définitions :**

A– Les personnes handicapées en France

En 2007, *1,8 million de personnes, âgées de 15 à 64 ans et vivant à domicile, ont une reconnaissance administrative du handicap* leur permettant de bénéficier de la loi sur l'obligation d'emploi de travailleur handicapé (OETH). Cette reconnaissance est accordée notamment à la suite d'un Accident du Travail ou d'une maladie professionnelle. Elle concerne 998 000 hommes et 915 000 femmes. En 2007, 50 % de la population ayant une reconnaissance du handicap ont plus de 50 ans (contre 29 % pour les femmes et 28 % pour les hommes dans la population totale). ***Cette population est peu qualifiée***, plus de la moitié des personnes handicapées ne possède aucun diplôme ou le seul BEPC, contre le tiers pour l'ensemble des personnes de 15 à 64 ans. Une définition plus large retient les personnes déclarant des problèmes durables de santé durant au moins 6 mois et rencontrant des difficultés dans leurs activités quotidiennes ou vis-à-vis du travail ou ayant eu un accident du travail dans l'année. On compte 9,6 millions de personnes concernées par cette définition (4,4 millions d'hommes, 5,2 millions de femmes), en 2007.

B– La politique de l'emploi en faveur des handicapés

Cette politique présente un aspect essentiel : l'obligation d'emploi des entreprises, qui s'inscrit à partir de 2005, dans un nouveau cadre juridique.

1. L'obligation d'emploi des entreprises

Les lois du 30 juin 1923 et du 26 avril 1924 créent des emplois réservés dans le secteur public pour les anciens militaires invalides et étendent cette obligation à toutes les entreprises privées de plus de dix salariés.

La loi du 23 novembre 1957, dite loi GAZIER, va organiser un processus d'insertion pour les invalides civils.

La loi du 30 juin 1975 fait de la formation, de l'orientation et de l'insertion professionnelle des handicapés une obligation nationale. Elle institue les Commissions Techniques d'Orientation et de REclassement Professionnel ***(les COTOREP),*** qui attribuent notamment la Reconnaissance de la Qualité de Travailleur Handicapé (RQTH).

La loi du 10 juillet 1987 fixe une obligation de résultat : « *Tout employeur occupant au moins vingt salariés est tenu d'employer des personnes handicapées dans*

la proportion de 6 % de l'effectif total de ses salariés » (art. L. 323-1 du Code du travail). Les entreprises qui ne peuvent pas employer directement de travailleurs handicapés, peuvent sous-traiter un certain nombre de leurs activités, auprès de deux organismes qui emploient des handicapés : les ateliers protégés et les ***Centres d'aides par le travail (CAT)***. Un fonds est chargé de recueillir les contributions des entreprises qui ne peuvent s'acquitter de leur obligation d'emploi, qu'en versant de l'argent. Ce fonds est géré par une association ***l'Agefiph*** : association de gestion du fonds pour l'insertion des personnes handicapées.
Les travailleurs handicapés bénéficient aussi des dispositifs classiques des politiques de l'emploi : contrats d'emploi-solidarité, contrats de retour à l'emploi, conventions individuelles, pré-retraites, formation professionnelle (chap. 4).

2. Les nouvelles dispositions de la loi de 2005

La loi « pour l'égalité des droits et des chances, pour la participation et pour la citoyenneté des personnes handicapées » du 11 février 2005 apporte de nombreux changements :

L'accessibilité généralisée pour tous les domaines de la vie sociale (éducation, emploi, cadre bâti, transports…).
La participation et la proximité, sont mises en œuvre par la création des Maisons départementales des personnes handicapées. Les Maisons du handicap mises en place dans chaque département français ambitionnent de devenir un « guichet unique ».
Les ateliers protégés (AP) deviennent des ***entreprises adaptées*** et sortent du secteur protégé pour mieux intégrer le milieu ordinaire de travail. Les centres d'aide par le travail ***(CAT)*** deviennent des établissements et services d'aide par le travail ***(ESAT)*** ; les personnes qui y sont accueillies doivent conclure un contrat de séjour spécifique. ***Les collectivités locales et les sociétés privées pourront créer des entreprises adaptées.***
Le droit à compensation des conséquences du handicap constitue l'un des principes fondamentaux de la loi. Désormais c'est le projet de vie de la personne qui est mis en avant. En fonction de celui-ci, ***un plan de compensation est élaboré*** qui permet de couvrir les besoins en aides humaines et techniques, l'aménagement du logement, du véhicule, les aides spécifiques ou exceptionnelles, et les aides animalières.
La nouvelle loi modifie le code du travail sur le plan des aménagements d'horaires ainsi que le mode de calcul de l'obligation d'emploi de travailleur handicapé. Celui-ci est toujours de 6 % mais ***une sanction plus sévère est faite pour les entreprises qui ne respectent pas cette obligation en augmentant le montant de la contribution à l'Agefiph*** (de 400 à 600 fois le SMIC horaire, contre de 300 à 500 auparavant). De plus les employeurs n'ayant rempli, durant 3 années consécutives leur obligation qu'au moyen du versement d'une contribution à l'Agefiph, verront celle-ci majorée à 1 500 fois le SMIC horaire.

L'obligation d'emploi dans les trois fonctions publiques (nationale, territoriale et hospitalière) est créée, ainsi qu'un Fonds pour l'insertion des personnes handicapées dans la fonction publique. Le droit à un départ à la retraite anticipé s'étend aux agents handicapés de la fonction publique (article 28). L'accès à la fonction publique sera élargi pour accueillir (en plus des Travailleurs Handicapés reconnus par la Commission des droits et de l'autonomie des personnes handicapées) les personnes victimes d'accidents du travail et de maladies professionnelles.

C– Résultats

Si les avancées juridiques sont réelles, les difficultés d'intégration des personnes handicapées dans le monde du travail sont doubles. D'une part, leur parcours scolaire étant plus difficile, elles souffrent souvent *d'un niveau de qualification inférieur à la moyenne*. D'autre part, tous les établissements ne respectent pas les règles, le taux de chômage demeure encore élevé. ***En 2007 selon la DARES sur près de 500 000 travailleurs handicapés employables, à peine un peu plus de la moitié étaient employés.*** Selon l'observatoire des inégalités (septembre 2009), le taux de chômage des travailleurs handicapés s'élève à 17 % contre 8 % en moyenne pour l'ensemble de la population en âge de travailler (15-64 ans). Seuls 44 % des plus handicapés exercent une activité professionnelle contre 71 % de l'ensemble de la population, tous âges confondus.

III. Les politiques sociales envers les immigrés

A– Les caractéristiques du groupe

1. Définitions : immigrés et étrangers

Les immigrés regroupent les personnes nées hors de France et qui ne sont pas Françaises de naissance. Aujourd'hui, *le Haut Conseil à l'intégration définit un immigré comme une personne née à l'étranger et entrée en France en cette qualité en vue de s'établir sur le territoire français de façon durable.* Un immigré peut donc être français s'il a acquis la nationalité française après son entrée en France par naturalisation, par mariage ou par filiation ; inversement, un étranger né en France ne sera pas considéré comme immigré. Toute personne qui vit en France mais qui est née étrangère, dans un pays étranger est étrangère ; si elle acquiert la nationalité française, elle devient alors Française par acquisition.

La population qui réside en France comprend cinq catégories : les étrangers (nés en France ou à l'étranger), les immigrés, les Français par acquisition nés à l'étranger, les Français de naissance.

2. Nombre, structure par âges, répartition

Le recensement de 2005-2006 donne le chiffre de *cinq millions d'immigrés en France* (8,2 % de la population totale). Les principaux pays d'origine sont l'Algérie, le Maroc et le Portugal. Trois régions rassemblent près de 60 % des immigrés : Ile-de-France (40 %), Rhône-Alpes (11 %) et Provence-Alpes-Côte d'Azur (9 %). Jusqu'en 1974, l'immigration de travail était essentiellement masculine. ***La politique de regroupement familial au milieu des années 1970 a entraîné une féminisation croissante de la population immigrée,*** au sein de laquelle hommes et femmes sont aujourd'hui en nombre égal. La population immigrée est un peu plus âgée que la population non immigrée, car ses membres sont arrivés en France pour la plupart après l'âge de 15 ans et leurs enfants nés en France sont comptés parmi les résidents non immigrés. ***2,4 millions d'actifs sont immigrés.***

3. Situation économique

Les revenus. En moyenne, les ménages non-immigrés perçoivent des revenus supérieurs de 24,8 % (après redistribution) à ceux des ménages immigrés. Les immigrés, hommes et femmes, touchent des salaires plus faibles que les non-immigrés, du fait des types d'emploi occupés, et de niveaux de qualification moindres. ***En 2007, 52 % des hommes et 23 % des femmes immigrés étaient ouvriers, contre 37 % et 10 % des non immigrés***, 42 % occupaient des postes non qualifiés.

Le taux de pauvreté s'élève à 15 % parmi les ménages immigrés.

Le taux de chômage des actifs de nationalité étrangère est deux fois supérieur à celui des Français. En revanche le taux de chômage des ressortissants de l'Union européenne est proche de celui des Français par naissance (7,5 %).

B– Les mesures adoptées depuis 1974

La politique d'immigration est celle où les clivages politiques sont les plus forts.

1. 1974-1981 : la maîtrise des flux migratoires

Provoquée par la crise, l'interruption de l'immigration va donner lieu à un ensemble de mesures. Huit mois après la décision allemande, le gouvernement français, peu après l'élection à la présidence de Valéry Giscard d'Estaing, décide,

en juillet 1974 de suspendre l'immigration. Quelques mois auparavant, l'Algérie avait décidé l'arrêt de son émigration vers la France. ***Le gouvernement de J. Chirac autorise le regroupement familial.*** En 1977, Lionel Stoléru entend substituer la main-d'œuvre nationale aux immigrés, et Raymond Barre, alors Premier ministre propose une aide au retour de 10 000 francs (1 500 euros environ) qui aura peu de succès.

2. 1981-1986 : l'assouplissement de la législation

La gauche va rompre avec la politique de ses prédécesseurs. Les expulsions des grévistes de la faim, en lutte contre leur expulsion, sont interdites. ***130 000 immigrés clandestins sont régularisés.*** L'aide au retour est supprimée. Les sanctions contre les employeurs de travailleurs clandestins sont aggravées. Le 3 décembre 1983, une nouvelle carte de séjour de dix ans, titre unique de résidence valant pour le séjour et le travail, est créée. Début 1984, le Front national émerge à l'élection partielle de Dreux. ***Georgina Dufoix soumet le regroupement familial à de strictes conditions de ressources et de logement,*** et relance l'aide au retour, rebaptisée ***« aide à la réinsertion ».***

3. 1986-1997 : alternance de répression et d'assouplissement

1986-1988. La loi Pasqua. Le 9 septembre 1986, lors de la première cohabitation, est votée la loi Pasqua qui va limiter les conditions de renouvellement de la « carte de dix ans ». Elle rétablit les reconduites administratives à la frontière (« ***politique des charters*** ») et instaure des visas pour les étrangers. Un projet visant à restreindre l'accès à la nationalité est lancé. Combattu par la gauche, ce projet est abandonné. Une « Commission de la nationalité », mise en place en 1987, la Commission Marceau Long, se prononcera pour une modification modérée de l'ordonnance de 1945 : les enfants ne doivent plus prêter serment mais manifester leur volonté de devenir Français.

1989-mai 1991 : un nouvel assouplissement. François Mitterrand est réélu Président de la République en 1988, et le Front national dépasse les 14 % de voix. La gauche supprime les dispositions législatives les plus répressives de la loi Pasqua. Celle-ci est remplacée par la loi Joxe qui rétablit le contrôle judiciaire sur les reconduites à la frontière. Michel Rocard met en place deux organismes : ***le Haut conseil à l'intégration et le Secrétariat général à l'intégration.***

1991-1993. Une gauche plus répressive. La gauche au pouvoir radicalise son discours et son action face à l'immigration, qui est le fer de lance de l'extrême droite. L'autorisation de travail pour les demandeurs d'asile est supprimée, la pénalisation du travail illégal est accrue, un visa de transit est instauré, le droit d'asile est limité, et de 60 000 demandes enregistrées en 1991, on passe à 29 000 en 1992. Les associations de gauche se mobilisent en janvier 1992 pour la défense du droit d'asile.

1993-1997 : Les lois « Debré ». En 1993, la gauche perd les élections, et la droite en profite pour faire adopter par le Parlement trois textes très restrictifs.
La loi du 22 juillet 1993 réforme le code de la nationalité.
La loi du 10 août 1993 facilite les contrôles d'identité.
La loi du 24 août 1993 (complétée par les lois du 30 décembre 1993 et du 27 décembre 1994) modifie les conditions d'entrée, d'accueil et de séjour des étrangers.
1997-1998. Un nouvel assouplissement de la loi. Jacques Chirac, qui disposait d'une forte majorité à l'Assemblée nationale, dissout l'Assemblée. La gauche dirigée par Lionel Jospin gagne les élections et débute une nouvelle période de cohabitation. En octobre 1997, deux projets de lois relatifs au droit de la nationalité et à l'entrée et au séjour des étrangers en France, sont adoptés par le conseil des ministres. Deux lois sont votées en 1998 :
La loi sur la nationalité du 16 mars 1998, est entrée en application le 1er septembre, elle comprend deux volets : ***le principe du droit du sol*** pour les étrangers nés en France de parents étrangers est rétabli, ce qui signifie que l'acquisition de plein droit de la nationalité française à la majorité est rétablie. Le jeune peut décliner la nationalité française entre 17 ans et demi et 19 ans. ***Un assouplissement des conditions d'acquisition de la nationalité française*** : une seule année de vie commune (au lieu de deux) est désormais requise pour qu'un mariage entre un étranger et un Français, aboutisse à une acquisition de la nationalité française par déclaration.

La loi Chevènement relative à l'entrée et au séjour des étrangers en France, et au droit d'asile assouplit dans un sens favorable aux immigrés, toutes les mesures concernant le droit d'asile, le droit de vivre en famille, l'accueil des étudiants, les droits des étrangers bénéficiaires d'une pension de retraite.

4. 2002-2007 : l'immigration choisie

Après l'élimination de Lionel Jospin au 1er tour de l'élection présidentielle, qui, avec 16,18 % des suffrages exprimés arrive derrière Jean-marie Le Pen (16,86 %), Jacques Chirac entame son deuxième mandat.
La loi n° 2003-1119 du 26 novembre 2003 relative à la maîtrise de l'immigration, au séjour des étrangers en France et à la nationalité vise à « l'accueil généreux des immigrés » et au « renforcement de la lutte contre les filières de l'immigration clandestine sans laquelle un accueil de qualité n'est pas possible ». Elle réforme notamment le système de la « double peine » et impose une prise en compte de la réalité de l'intégration de l'étranger dans la société française.
La loi n° 2003-1176 du 10 décembre 2003 réforme les procédures d'asile. Son objectif est de réduire les délais d'instruction des demandes d'asile en unifiant les

procédures d'asile et en les recentrant autour d'un Office Français de Protection des Réfugiés et Apatrides (OFPRA).
La loi n° 2006-911 du 24 juillet 2006 relative à l'immigration et à l'intégration, met en œuvre une « ***immigration choisie*** », ***c'est-à-dire la possibilité de sélectionner la main-d'œuvre selon les besoins de l'économie française*** et d'accueillir des étrangers « porteurs d'un projet économique, scientifique, culturel ou humanitaire ». Elle favorise également l'accueil des étudiants étrangers.
Dans le domaine de l'immigration privée, elle renforce la lutte contre les « mariages blancs » et ***modifie les conditions du regroupement familial***. Dans le domaine de l'intégration, elle rend obligatoire le « contrat d'accueil et d'intégration » institué par le Plan de cohésion sociale (2005). Enfin, en matière de régularisation et de lutte contre l'immigration clandestine, ***elle met fin à la régularisation de droit au bout de dix ans*** de séjour illégal sur le territoire français.

5. 2007-2012 : un ministère de l'immigration pour la promotion de l'identité française

Depuis juin 2007, la politique de l'immigration est conduite par le Ministère de l'immigration, de l'intégration, de l'identité nationale et du co-développement. Ses attributions ont été définies par le décret n° 2007-999 du 31 mai 2007 : ***maîtriser les flux migratoires, encourager le codéveloppement, favoriser l'intégration et promouvoir l'identité française.***
La loi n° 2007-1631 du 20 novembre 2007 a pour objet de lutter contre l'immigration irrégulière, de limiter les conditions d'entrée et de séjour en France, de maîtriser l'immigration familiale et d'encourager l'immigration pour des raisons professionnelles. La loi propose, par exemple d'atteindre un certain seuil de ressources, pour prétendre au regroupement familial.

C– Résultats

Les élections présidentielles de 2002 et de 2007, ont montré que l'immigration était toujours un sujet sensible, et cela à trois niveaux :

1. L'importance du phénomène

La France est un pays de forte immigration : une terre d'accueil. Selon Michèle **Tribalat**, démographe à l'Institut national d'études démographiques (INED), près de 14 millions de Français avaient en 1999 un parent ou un grand-parent immigré, soit 23 % de la population.

Tableau 7.3. **Nombre d'acquisitions de la nationalité française**

2000	2004	2005	2006	2007	2008
141 455	169 000	151 861	149 000	129 000	100 000

Source INSEE

En 2007, 129 000 étrangers ont acquis la nationalité française, dont la moitié par naturalisation et le quart par mariage. ***Depuis début 1999, jusqu'au début de 2007, plus d'1,1 million d'étrangers sont devenus Français.***

2. Le coût

L'immigration est en France un sujet tabou, aussi en juin 2010, il n'existait pas encore d'estimation officielle du coût de l'immigration. **J.-P. Gourévitch** (*L'immigration ça coûte ou ça rapporte ?* Larousse, 2009) compare les dépenses annuelles que l'État consent pour les immigrés (71,76 milliards d'euros) avec les recettes qu'il encaisse de leur part (45,57 milliards d'euros), soit un solde négatif de plus de 26 milliards. Enfin, il évalue les investissements engagés par l'État pour contenir les flux migratoires ou faciliter l'intégration des immigrés et de leurs enfants (10,81 milliards d'euros). Au terme de cette analyse, ***il évalue le coût de l'immigration à 36 milliards d'euros par an.*** A contrario, l'immigration peut être une source de croissance de revenus puisqu'elle aboutit à une augmentation de la population. La Banque Mondiale indiquait dans une étude publiée en 2006 qu'une progression d'1 % de la population conduit à une hausse de 1,25 % du PIB.

3. Les difficultés de l'intégration

« *Le principal reproche adressé par un certain nombre de Français à des catégories spécifiques d'étrangers et d'immigrés est de ne pas s'adapter aux modes de vie et aux valeurs de leur pays d'accueil* » (Gérard **Mermet**, *Francoscopie 2010,* Larousse, 2010). La crainte de voir se développer un communautarisme fondé sur l'appartenance ethnique ou religieuse est également présente, étayée par les multiples affaires qui ont défrayé l'actualité (port du voile, burka, demande d'annulation de mariage pour cause de non-virginité).

Avant 1975, venir travailler en France était la raison principale de l'immigration. Après 1975, les raisons liées au travail ne sont plus prépondérantes : **le regroupement familial** est la raison principale invoquée par 69 % des Algériens, 65 % des marocains, 62 % des Turcs. L'immigration, à ce moment-là change de signification : on ne vient plus en France pour y travailler, mais pour y vivre durablement avec sa famille. *Cette immigration de peuplement s'exprime par des chiffres.* Les analystes s'accordent sur

le doublement du nombre de musulmans installés en France en vingt ans (de 1983 à 2003), passant de 2,5 millions à 5 millions, en raison d'une plus forte fécondité.
Cette crainte a été amplifiée par la crise des banlieues de 2005, et par les chiffres de la délinquance. En 2007, selon l'INSEE (*France, portrait social*, édition 2009), ***la part des étrangers dans la population pénitentiaire est de 18 %, alors que les étrangers représentent 5,8 % de la population totale.***

IV. Les politiques sociales pour l'enfance

La Convention internationale des droits de l'enfant (1989) des Nations unies a donné lieu au projet sur les politiques de l'enfance du Conseil de l'Europe, programme quadriennal (1992-1995). La Stratégie 2009-2011 « Construire une Europe pour et avec les enfants », poursuit et intensifie l'engagement du Conseil de l'Europe en faveur des droits de l'enfant.

A– Les droits sociaux des mineurs

La protection de l'enfant doit être assurée dans quatre domaines : dans sa vie familiale, dans son éducation, dans sa vie professionnelle, et au sein de la société.

1. La famille

- Égalité entre les enfants : légitime, naturel, adopté (art. 310 CC).
- Les lois de 1972, de 1982, 1987, 1993, 1996, de 2005 et de 2009 sur : la filiation et l'adoption. La loi du 16 janvier 2009 rend définitive la réforme de la filiation décidée par ordonnance en 2005 : « Les notions de filiation légitime et de filiation naturelle sont abandonnées ».
- Devoir de garantir la santé, la sécurité, la moralité de l'enfant, et son éducation par les parents et le tuteur (art. 449-450, et 371- 2 du C. civil).
- L'interdiction du don d'organes pour un mineur (art L. 1231-2 du Code de la santé publique.
- Inaptitude de l'enfant à se lier par des actes juridiques (art. 1124 CC).
- Autorisation de certains actes de la vie courante (art. 389-3 CC) mais annulation d'actes économiquement désavantageux, (J.D. n° 080220).
- L'enfant a le droit d'entretenir des relations personnelles avec ses ascendants. Seul l'intérêt de l'enfant peut faire obstacle à l'exercice de ce droit. (art. 371-4 CC).
- Protection des droits successoraux de l'enfant (art. 1527 CC, modifié par la loi du 3 déc. 2001).

2. L'éducation

- Les enfants doivent être accueillis à l'école dès 3 ans. Un droit d'accueil des élèves des écoles maternelles et élémentaires pendant le temps scolaire a été institué par la loi du 20 août 2008, y compris les jours de grève. Les élèves doivent au moins recevoir une formation de niveau Bep ou Cap, et 80 % d'une classe d'âge doit accéder au baccalauréat (Loi d'orientation du 10 juillet 1989).
- Les droits d'expression, d'association et de réunion des élèves (contrôlés par l'établissement) sont garantis par le décret du 18 février 1991, et sont précisés pat la circulaire du 1er février 2002.

3. La vie professionnelle

- Le contrat d'apprentissage est soumis au régime du double consentement (apprenti, parents) mais un « usage en cours de formation » autoriserait le mineur à négocier seul son embauche conformément à l'art. 389-3 du CC, modifié par la loi du 5 mars 2007.
- Les jeunes en contrat d'apprentissage perçoivent une rémunération allant de 25 % à 78 % du SMIC (ou du minimum conventionnel) en fonction de leur âge et de leur ancienneté dans le contrat d'apprentissage. Mais la journée de travail ne peut excéder huit heures, et le travail de nuit est interdit (Code du travail).
- La loi exclut le droit de jouissance légale sur les revenus du mineur, des parents (art. 387 du Code civil)

4. La vie sociale et la protection pénale

- Tout enfant doit avoir accès à la Sécurité sociale (Convention de 1989, et loi du 29 juillet 1992).
- Les activités de « mise en péril des mineurs » (art 227-15 à 227-28 du nouveau CC) sont réprimées : (ex : incitations à la drogue, à la mendicité, à la corruption, à la délinquance ; diffusion d'images pornographiques, ou des messages à caractère violent en direction des mineurs).
- De 13 à 16 ans, la peine encourue est égale à la moitié de la peine encourue par un majeur, au-delà de 16 ans, aucun mineur ne peut être condamné à plus de 20 ans de prison.

B– Les problèmes

Maltraitance et **délinquance** sont les deux problèmes essentiels auxquels se trouvent confrontés les mineurs.

1. La maltraitance

En France, chaque année, 95 000 enfants sont signalés comme enfants en danger de maltraitance, dont 19 000 sont réellement maltraités (chiffres ODAS 2005) et ces chiffres augmentent d'année en année d'environ mille enfants signalés comme étant en danger. En 1995, la justice a été saisie de 35 000 cas de maltraitance sur enfant ; 49 000 en 2002. ***Dans 90 % des cas, elle provenait de la famille proche*** (le père dans 46 % des cas, la mère dans 26 % des cas). D'après l'OMS, 40 millions d'enfants dans le monde sont victimes de mauvais traitements.

2. La délinquance

En 2008, 218 000 mineurs ont été mis en cause par la police ou la gendarmerie. (Source Statistiques annuelles de la protection judiciaire de la jeunesse). Certains de ces jeunes délinquants ont à peine 11 ou 12 ans et sont parfois impliqués dans des délits graves, des vols avec violence et des agressions. Ce chiffre a presque doublé en un peu plus de dix ans et représente aujourd'hui un véritable phénomène de société face auquel les institutions politiques et judiciaires semblent dramatiquement impuissantes.
Pour le sociologue Laurent Mucchielli ce chiffre concerne la part des mineurs mis en cause par la police et la gendarmerie, et non la progression de la délinquance des mineurs. Selon d'autres chiffres publiés par le ministère de la Justice, les mineurs ne représentent que 8,6 % des personnes condamnées en 2007 (dernier chiffre publié), soit moitié moins que selon les statistiques policières.

C– Les solutions

1. Le signalement de la maltraitance

La maltraitance doit être définie avec beaucoup de discernement car l'atteinte à l'intégrité physique et morale d'un enfant constitue une infraction pénale grave.
Le signalement consiste à informer les autorités administratives, judiciaires compétentes en vue d'une action institutionnelle de protection. L'obligation de signaler est imposée par la Loi et entre autre, la loi pénale, qui s'exprime par l'article 484-3 du Code Pénal : « *Le fait pour quiconque ayant eu connaissance de privations, de mauvais traitements ou d'atteintes sexuelles infligés à un mineur de quinze ans ou à une personne qui n'est pas en mesure de se protéger en raison de son âge, d'une maladie, d'une infirmité, d'une déficience physique ou psychique ou d'un état de grossesse, de ne pas informer les autorités judiciaires ou administratives est puni de trois ans d'emprisonnement et de 45 000 euros d'amende...* ». Sauf quand la loi en dispose autrement, sont exceptées des dispositions

qui précèdent les personnes astreintes au secret dans les conditions prévues par l'article 226-13. La loi du 8 février 2010, visant à lutter contre l'inceste sur les mineurs, a deux objectifs : identifier, prévenir, détecter et lutter contre l'inceste sur les mineurs et améliorer l'accompagnement médical et social des victimes.

2. La réforme de l'ordonnance de 1945

L'ordonnance du 2 février 1945, texte fondateur du traitement de la délinquance des mineurs, modifié 31 fois depuis 63 ans ne semble plus adaptée à la délinquance des mineurs. Un âge minimum de responsabilité pénale est envisagé.

V. La politique de la culture

« L'avènement de la Ve République et la création en 1959, du ministère des affaires culturelles consacrent les débuts de la politique culturelle française fondée sur la démocratisation de la culture, la progressive structuration de l'administration culturelle, le développement de l'aménagement culturel du territoire et l'approfondissement de la législation culturelle » (Pierre **Moulinier**. *Les politiques publiques de la culture en France*, PUF, 2010). Mais cette politique est véritablement devenue une politique sociale au début des années 1980, avec la venue de la gauche au pouvoir, et encouragée par un budget conséquent.

A- Objectifs et budget de la culture

1. Un triple objectif

1. **Diffuser** une culture de masse.
2. Permettre d'assurer la cohésion nationale ; En effet, la diffusion d'une « **culture pour tous** » suppose que les différentes cultures puissent s'exprimer.
3. Permettre à l'ensemble des citoyens, par l'accès à l'art et à l'activité culturelle **de modifier leurs conditions de vie.**

2. Le budget de la culture

Il atteignait 0,43 % dans les années 1960, avec André Malraux (sous la présidence du Général de gaulle), 0,55 % avec Jacques Duhamel en 1973 (sous celle de Georges Pompidou), il frôlera les 1 % avec Jack Lang, sous la présidence de François Mitterrand. Il atteint 2,8 milliards d'euros en 2009, sur un total de dépenses de

275 milliards d'euros, soit 1,02 % en 2008 avec Christine Albanel sous la présidence de Nicolas Sarkozy.

B– Les résultats

1. Le développement des arts existants

La réussite scolaire et sociale est reliée à la possession d'un capital culturel, dont disposent le plus les classes dominantes qui cumulent la plus grande quantité d'activités culturelles. C'est pour cette raison que des réalisations sont entreprises, dont il est difficile d'élaborer une liste exhaustive mais qui englobent aussi bien l'officialisation des cultures régionales (1978), que la fixation du prix unique du livre (1981), que les lois sur le développement du mécénat (1987), la loi relative aux enseignements artistiques (1989), la politique des quotas audiovisuels (50 % d'œuvres françaises en 1990), ou bien l'ouverture de très nombreux musées : musée de la bande dessinée en 1991, etc., ou bien encore la création en 1996 de la Fondation du patrimoine.

2. La progression de la consommation culturelle

Elle concerne les monuments, les bibliothèques, les musées et le cinéma.
Les monuments. En 2007, on estime à 140 ou 160 millions le nombre de visites gratuites ou payantes effectuées dans les monuments, dont 8,3 millions dans la centaine de monuments du Centre des monuments nationaux. Le public des archives est passé de 22 000 à 175 000 lecteurs entre 1960 et 2007.
Le nombre des bibliothèques municipales est passé entre 1981 et 2007 de 992 à 4 285 et celui des bibliothèques départementales de prêt de 79 à 97. En 2007, il y avait 4 390 bibliothèques publiques, et le nombre d'inscrits était de 5,32 millions et le nombre de livres prêtés est passé de plus de 61 millions à plus de 185,3 millions entre 1980 et 2007.
Les musées. Il y avait 1 210 musées en France en 2007 et le nombre d'entrées payantes progresse, dans les musées nationaux de 5,7 millions en 1980 à 15,2 millions en 2004. Dans les musées de France la fréquentation augmente entre 2004 et 2007 de 45,6 millions d'entrées à près de 52 millions
Le cinéma. Le nombre de salles croît de 5 153 en 1985 à 5 398 en 2007, ce qui en fait toujours le plus important parc de salles en Europe. Les entrées sont passées de 132 millions en 1987 à 195 millions en 2004, et à 177,5 millions en 2007.
Cette consommation culturelle fait fonctionner le secteur des industries culturelles qui représente au milieu des années 2000, ***un marché évalué à 41 milliards d'euros***. Ce secteur produit des œuvres reproductibles : livres, disques, films, programmes de télévision, etc.

3. La création d'emplois

Plus de *450 000 personnes exerçaient en 2005 une profession culturelle*, chiffre en progression de 12,5 % où ce nombre était de 400 000. La création d'emplois s'est également effectuée grâce au tourisme culturel, très vivace.
Devant la vivacité de la politique culturelle, on peut regretter que l'enseignement artistique, qui permet de lutter contre les inégalités sociales n'ait pas été inclus dans le rapport Thélot de 2002, relatif au socle commun de connaissances et de compétences.

VI. Les syndicats, les associations, la Halde

Le tour d'horizon des politiques sociales ne serait pas complet si l'on omettait d'évoquer le rôle de ces trois acteurs sociaux incontournables.

A– Les syndicats

Alors que les autres pays européens sont aux alentours de 30 % Belgique, Luxembourg, voire 50 % (Suède, Danemark, Finlande), la France a un taux de syndicalisation faible (5 % des effectifs). ***Cependant les syndicats Français sont bien implantés sur le terrain.*** La présence syndicale est évaluée à 61 % dans l'industrie, 57 % dans les services, et 78 % dans le secteur public. Le paysage syndical français est divisé, constitué de cinq confédérations qui bénéficiaient d'une présomption irréfragable de représentativité jusqu'à la loi du 20 août 2008 (CGT, CFDT, Force ouvrière, CFTC et CFE-CGC) ainsi que les trois autres principales organisations non représentatives de droit (l'UNSA, la FSU et l'Union syndicale Solidaires dont font partie entre autres les « SUD »). Selon un sondage TNS Sofres de décembre 2005, les causes de non-syndicalisation sont : le sentiment que les syndicats ne comprennent pas leur problème, la peur de représailles de leur direction, la division syndicale (80 % des sondés estimant qu'il y a trop de syndicats en France), et ils sont souvent soupçonnés d'être trop politisés.

B– Les associations

Il existe en France un million d'associations en activité et ce nombre ne cesse de croître puisqu'il se crée environ 70 000 associations par an. 80 % des associations fonctionnement exclusivement avec des bénévoles. Parmi les Français de plus de 15 ans, 27 % d'entre eux sont bénévoles. Soit un total de 13 millions, dont 11 millions œuvrant dans les associations. Selon France Bénévolat, ils seraient en outre 5 millions à pouvoir être considérés comme des bénévoles « réguliers ». On trouve ainsi davan-

tage de bénévoles chez les actifs (30 % contre 27 %). Les associations sont reconnues par les pouvoirs publics par la loi du 1er juillet 1901, le décret du 25 février 1983, la circulaire du 22 décembre 1999, par la circulaire du 22 mars 1993 et le decret n° 2001-865 du 4 septembre 2001.
Il existe un ***Passeport Bénévole*** qui permet de décrire précisément chacune des missions réalisées bénévolement.

C– La Halde

La Haute Autorité de lutte contre les discriminations et pour l'égalité, également connue sous son acronyme Halde, est une « autorité administrative indépendante » française, « compétente pour connaître de toutes les discriminations, directes ou indirectes, prohibées par la loi ou par un engagement international auquel la France est partie » créée par la loi n° 2004-1486 du 30 décembre 2004, la loi a été complétée par le décret n° 2005-215 du 4 mars 2005. Les victimes de discrimination peuvent également saisir la haute autorité par l'intermédiaire d'un député, d'un sénateur ou d'un représentant français au Parlement européen. Fin 2010, la Halde pourrait changer et s'intégrer à une structure différente : le « défenseur des droits ».

VII. Conclusion du chapitre :

Les groupes sociaux les plus exposés aux discriminations : les femmes, les enfants, les handicapés, les immigrés disposent en France de droits importants mais qui ne sont pas toujours respectés comme le montrent les violences faites aux femmes, la maltraitance des enfants, les discriminations que subissent encore les handicapés et les immigrés face à l'emploi. Les associations, les syndicats et la Halde peuvent, dans tous ces domaines, jouer un rôle essentiel, et suppléer parfois l'action des pouvoirs publics.

Conseils bibliographiques

Ouvrages

Chaline (Claude), *Les politiques de la ville,* coll. « Que sais-je ? », PUF, 2010.

Erhel (Christine), *Les politiques de l'emploi,* coll. « Que sais-je ? », PUF, 2009.

Gautié (Jérôme), *Le chômage, coll.* « Repères », La Découverte, 2009.

Gourévitch (Jean-Pierre), *L'immigration ça coûte ou ça rapporte ?,* Larousse, 2009

Hirigoyen (Marie-France), *Le harcèlement moral,* Pocket, 2000.

Huteau (Gilles), *Sécurité sociale et politiques sociales.* Armand Colin, 2008.

Jeffrey (Denis), Fu Sun, *Enseignants dans la violence,* Presses de l'Université Laval, 2006.

Join-Lambert (Marie-Thérèse), *Politiques sociales,* Presses de Sciences po et Dalloz. 1997.

Leguay (Jean-Pierre), *Pauvres et marginaux au Moyen Âge,* éditions Gisserot, 2009.

Merle (Pierre), *La démocratisation de l'enseignement,* La découverte, 2009

Moulinier (Pierre), *Les politiques publiques de la culture en France,* PUF, 2010.

Ouvrage collectif, *La finance mondialisée,* La découverte 2004.

Palier (Bruno), *La réforme des systèmes de santé,* PUF, mai 2010.

Paugam (Serge), *Le salarié de la précarité,* PUF, 2000.

Piketty (Thomas), *Les hauts revenus en France au XXe siècle,* Grasset, 2001

Stébé (Jean-marc), *Le Logement social en France,* coll. « Que sais-je ? », PUF, 2009.

Toulemonde (Bernard), *Le système éducatif en France,* La documentation française,

Van Zanten (Agnès), *Les politiques d'éducation,* coll. « Que sais-je ? », PUF, 2005

Articles, rapports, travaux

Bevort (Antoine), **Lallement (Michel)**, **Nicole-Drancourt (Chantal)**, « Flexicurité. La protection de l'emploi en débat », *Problèmes politiques et sociaux* n° 931, décembre 2006.

Ehrel (Christine), « Les politiques de l'emploi en Europe : le modèle de l'activation et de la flexisécurité face à la crise », *Documents de travail du Centre d'Économie de la Sorbonne, février 2010.*

Chodorge (Maxime), « *La paupérisation des locataires HLM en France depuis vingt ans* », *Habitat et société* n° 55, septembre 2009.

Fondation abbé Pierre, *L'état du mal logement en France,* Rapport annuel 2010.

Le Morvan (Franck), *La réforme des régimes spéciaux de retraite.* La Documentation française, 2008.

INSEE, *Tableaux de l'économie française*, 2008.

INSEE. *France, Portrait social*, 2009.

Projet loi de finances pour 2010.

Loi de Financement de la Sécurité Sociale pour 2010.

Ministère de l'éducation nationale, *La réussite scolaire des femmes et des hommes en Europe,* Note d'information 8.11.

Rapport *Modernisation de l'État, qualité des services publics et indicateurs*, mars 2010.

Rapport Parquet, *Souffrance psychique et précarité,* 2003.

Index alphabétique

Imprimé en France par l'Imprimerie Chirat
Dépôt légal : janvier 2011 - collection 02 - édition 01
14/6092/2